Nach altem Brauch

Josef Lettl

Nach altem Brauch

Hoagarteng'schichten
von
Sebastiani bis Silvester

Verlag Friedrich Pustet
Regensburg

CIP-Kurztitelaufnahme der Deutschen Bibliothek

Lettl, Josef:
Nach altem Brauch : Hoagarteng'schichten von
Sebastiani bis Silvester / Josef Lettl. – 2. Aufl. –
Regensburg : Pustet, 1986
ISBN 3-7917-0697-7

2. Auflage 1986

ISBN 3-7917-0697-7

Umschlag: Ferdinand Kieslinger, Abensberg
Gesamtherstellung: Friedrich Pustet, Regensburg
Printed in Germany 1986

Inhalt

Zum Geleit

Lied, Musik und Wort stehen in enger Verbindung zueinander und sollen sich in der Volksmusik zu einem harmonischen Dreiklang vereinigen. In unseren Tagen erweist es sich auch immer mehr, wie wichtig neben sauberem Lied- und Musikgut ein genau dazu passendes Wort ist.

Aber alle, die sich damit ernsthaft befassen, wissen, wie leicht solches gesagt, wie schwierig jedoch dessen Verwirklichung ist. Volksnähe, Sprachgefühl und das Wissen um die Ausdruckskraft der Sprache bis zum oftmaligen Ringen um das passende Wort, welches manchmal vielleicht schon aus der Vergessenheit heraufgeholt werden muß, all dies ist Voraussetzung hierfür.

Vor etwa fünf Jahren begegnete ich zum erstenmal Josef Lettl als „Sprecher" bei der Veranstaltung „In und auf der niederbayerischen Bauernhochzeit" in Mamming. Sofort war mir klar, einen Mann kennengelernt zu haben, dessen Wortgestaltung auf fundierter Kenntnis von Land und Leuten, Sitte und Brauch und auf der besonderen Verbindung zu seiner Heimat basieren. Noch verständlicher wurde mir all dies, als ich erfuhr, daß Josef Lettl bereits seit 1965 auch als Mitglied eines Dreigesanges tätig war und ihm deshalb Erhaltung von Lied, Musik und angestammter Sprache ein echtes Anliegen sind.

All diese Faktoren vereinigen sich bei Lettl in einer glücklichen Weise und gepaart mit Fleiß, Verantwortungsbewußtsein und niederbayerischer Beständigkeit lieferte er für gar manche Volksmusiksendung Beiträge, die Aufsehen erregten und die nun den Grundstock zu folgendem „Büchel" bilden, das ein Stück Niederbayern dokumentiert.

Frühjahr 1981 — Alfred Artmeier

Vorwort

Die Zeit, in der es schien, Musik werde nur mehr aus der Konserve konsumiert, ist vorüber. Jugendliche, Gruppen, Familien musizieren wieder aktiv und auch produktiv. – Unsere Volksmusik hat einen triebkräftigen Frühling hinter sich. Landauf, landab gibt es der Jahreszeit oder den Festkreisen angepaßte Volksmusikveranstaltungen und Hoagarten, oft nach dem Motto „A Gsangl, a Musi und a baierisch Wort". Für diese Sänger- und Musikantentreffen sind die Texte dieses Buches geschrieben worden.
Alfred Artmeier, Leiter der Abteilung Volksmusik beim Bayerischen Rundfunk, hat in einem seiner Jahrbüchel gesagt: „Mundart richtig gesprochen, da kann Sprache zu Musik werden!" Er war es auch, der meine Mundartreihen in seine Sendungen nahm, sei es bei „Am Abend in der Stub'n" oder anderen Volksmusiksendungen. Viele Hörerzuschriften bekundeten Interesse an den Texten, die von überkommenem Brauchtum erzählen und auch Zeugnis geben wollen vom Bilderreichtum und der oft lautmalerischen Ausdruckskraft unserer altbayerischen Mundart. Die Hoagarteng'schichten möchten unterhalten und informieren, Gemüt und Geist ansprechen.
Um nun auch den Lesern gerecht zu werden, die unsere altbayerische Mundart nicht am Kittelzipfel der Mutter „erlust" (gelernt) haben, erzähle ich einerseits in Schriftsprache, die mundartliche Grammatik aber ist beibehalten. Ebenso sind echte, lautmalerische Ausdrücke und Sprüche in der Mundart wiedergegeben.
Eine Bemerkung sei noch angefügt. Ich selbst bin in einem Dorf in der Rottaler Gegend aufgewachsen und lebe heute noch in einem solchen im niederbayerischen Hügelland. Viele der im Buch geschilderten Bräuche, die sich einmal durch das Bauernjahr zogen, habe ich noch selbst erfahren. Anderes wiederum verdanke ich Gewährsleuten, die noch eine Zeit erlebten, in welcher die kirchlichen Hochfeste und die zahlreichen, allerdings inzwischen größtenteils abgeschafften Bauernfeiertage, die Markierungen im Jahr waren, an denen sich Arbeit, Feier und Brauch orientierten. An dieser Stelle möchte ich daher all jenen danken, die mich in meinem Bemühen unterstützten, Brauchtum vor dem Vergessenwerden zu bewahren und die mir immer wieder Anre-

gungen gaben für die Bearbeitung der nachfolgenden Texte. Dank gebührt dabei vor allem Herrn Alfred Artmeier vom Bayerischen Rundfunk, der Griesbacher Volksmusik, dem Griesbacher Dreigesang (dessen Mitsänger ich bin), der Dingolfinger Volkstumsgruppe und vielen altbayerischen Volksmusikgruppen, mit denen zusammen ich bei Veranstaltungen oftmals tätig sein durfte.
Mögen die nachfolgenden Geschichten zu echten „Hoagarten“ verhelfen, durchs ganze Jahr von Sebastiani bis Silvester.

Josef Lettl

Vorwort zur zweiten Auflage

Hoagarteng'schichten!
Hoagarten im Sommer auf der „Gredbank“ vor dem Haus, in der Kachelofenecke zur Winterszeit, gibt es ihn heutzutags überhaupt noch? Party, Garten-, Straßen-, Hoffeste, Fernsehabende, so klingt es zeitgemäßer.
Und doch: am Großen Frauentag (15. August) 1985 saßen ein Dutzend Leute in einer Bergbauernstube beieinander – fernseh-, radio- und rekorderlos, urlaubsgestimmt. Der Markus spielte auf seiner Ziach (Harmonika), gekonnt kreuz und quer durch den musikalischen Garten. Gemütlich war es, und nach Gschichtln dazu wurde verlangt, erst nach zünftigen, vor dem Zubettgehen noch nach einer zum Gruseln. Hoagarten!
Die „*Hoagarteng'schichten* sind meine Betthupferln“, versicherte der eine, „im Rucksack habe ich *sie* stets dabei zum Bergwandern“, gestand ein anderer. Manche Vereinsfeier zur Advents- und Winterszeit hätten *sie* schon bereichert, so wurde berichtet.
Bleibt nur zu wünschen, daß auch die 2. Auflage des Büchleins viele Freunde findet und so mithilft, den Hoagarten lebendig zu halten.

15. August 1985 Josef Lettl

An Sankt Sebastian fängt der rechte Winter an

In Pest und Krieg und allen Nöten rufen wir inständig an:
Hilf, ach hilf, ruft jedermann, o heiliger Sebastian!

Am 20. Januar steht ein Heiliger auf dem Kalenderblatt, den früher jeder gekannt hat: Sebastian.
Seit dem Mittelalter ist er der große Fürsprecher bei Pest und jähen Krankheiten. In Ottering ist er Kirchenpatron, in Landshut hat Herzog Georg der Reiche im Jahr 1491 zu seiner Ehr eine Schützenbruderschaft gegründet. Zahlreiche Sebastianibruderschaften verehren ihn bis in unsere Tage herauf, so in Rottalmünster, in Pfarrkirchen und zu Dingolfing. Bei uns in Griesbach wird seit 1452 das Bruderschaftsfest gefeiert. Wie die Chronik erzählt, sind an diesem Tag gleich vier bis fünf Beichtväter aus einem Kloster oder den Nachbarpfarreien zur Aushilfe gekommen. Über dreihundert Jahre lang sind die Simbacher, getreu einem Gelöbnis, nach Griesbach gewallfahrtet. – *Wer am Vorabend fast' und an meim Tag rast', ist befreit von aller Last!* hat der Heilige seinen Verehrern, einem alten Spruch gemäß verheißen.

D'Sebastianikältn

Mit diesem bedeutsamen Festtag kam aber auch der richtige Winter mit der Sebastianikälte. Ja, Eiszapfen von der „Schoar“ (Dachrinne) und den Schindeln herunter, Eisblumen an den kleinen Fensterscheiben und Schneequaden in den „Höikrempn“ (Hohlwegen), so gehörte es sich um diese Zeit.
Die Bräu und ihre Wirte, die habens „gnädi“ (eilig) um diese Zeit. Möchte man im heißen Sommer zur Ernte ein kühles Bier, so muß man im kalten Winter für den Keller das Eis ernten. Und dick genug ist es gewesen um diese Zeit auf den Weihern und Altwassern. –
Der vorsorgende Bauer hatte sich zeitig gerüstet gegen die Sebastianikälte, damit Mensch, Vieh und Hof geschützt waren: Trockenes Moos zwischen Sommer- und Winterfenster hinein, dicke Strohtüren am

Stall, warmer Roßmist auf die Wasserleitungen und feste Strohbänder um die „Brunnendeichn“ (-rohre) haben die ärgste Kälte abgehalten. Der purrende Kachlofen in der bachelnden Stube auf d'Nacht und der dämmige Stall bei Tag, das waren die einzigen Aufwärmplätze. Das Zubettgehen in die angereimte Schlafkammer hat man beinah gefürchtet. Freilich, eine Wagldecke aufs Bett und einen heißen „Köipern“ (großer Kieselstein), aufgewärmt in der Ofendurchsicht, unters „Duchet“ (Oberbett) hinein, hat die Sache ein wenig leichter gemacht. Und doch ist es passiert, daß das Bett an der Stelle, wo der Schnauferer herauskam, in der Früh ganz „angereimt“ (gefroren) war. –
Eine harte Zeit kam jetzt für die Schulkinder. Ich denke zurück, daß uns die Mutter im Ofenrohr aufgebratene Erdäpfel in die Fäustlinge steckte. Und wäre uns beim Hindurcharbeiten durch die Schneequaden nicht warm geworden, könnte schon sein, es hätte uns gefroren wie einen nackten Schullehrer.
An so einem eisigkalten Sebastianifesttag hat sich auch folgende Geschichte zugetragen: Der hochwürdige Prälat selber aus der Stadt ist dagewesen und hat den feierlichen Festgottesdienst zelebriert. Und wie es sich dabei gehört – weil alles muß sein rechtes Maß haben –, hat er eine geschlagene Stunde gepredigt in der ungeheizten Kirche. Pressant hat es der hohe Herr gleich nach dem Amt, und so läßt er sich mit Roß und Schlitten, in warme Decken verpackt, vom Kutscher zurückbringen in die Stadt. Außerhalb des Dörfleins holen sie ein Mutterl ein, das, ganz in den wollenen Fransenschal eingewickelt, mit großen Schnallenfilzschuhen durch den Schnee heimzu stapft. Leutselig wie er ist, der Prälat, läßt er anhalten und lädt ein zum Mitfahren. Gern nimmt die Edenthalerin an, weil noch ein schönes Stück Weg hinauf ist bis Edenthal. Sie erkennt aber den Zelebranten, den sie im Ornat weit vorne im Presbyterium kaum richtig gesehen hat, jetzt in Pelz und Decke nicht. Und so „schmatzt“ (redet) sie freiweg heraus, als sie gefragt wird. „Sind wir in der Kirche gewesen?“ – „Ja, aba a Saukältn is heut!“ – „Haben wir auch die Predigt gehört?“ – „Ja eisig köit is gwen in da Kircha und a ganze Stund hat er aso furtgetan. Han schon bet: Wanns eahm no grad an Foz eingfrörat, daß er endli aufhörat mit seim Gseufarat! . . .“
Ja, wer seine Ohrwaschel zu nahe an den Volksmund legt, kann eine Wahrheit zu hören bekommen, die ein wenig „hantig“ schmeckt.

Besenbinden in der Stubm

Wenn im Jänner Stürme brausen,
kann fürder keine Krankheit hausen!

„Ja, dös is a Wedda für meinö Knecht, arbatn s' schlecht, so fröits s' ös recht!" sagt der Bauer, wenn es recht grimmig ist draußen. Und wenn zu dieser Kälte noch der Schneewind um die Hausecken pfeift, daß du gleich meinen könntest, neun Teufeln haben dich beim Schopf und es verhält dir den „Nappn" (Atem), „nachert is a Wedda, bei dem ma koan Hund außijoagt".
Und auch da Hoagartner z'Gablkofen weiß eine Stubenarbeit für seine Knechte: „Besnbindn toa ma heut!" schafft er an in der Früh nach der Stallarbeit. Freilich, auf oft einem Platz geschieht diese Arbeit im Futtergang im Kuhstall, aber beim Hoagartner läßt die Bäuerin, eine gute Haut, die Leute dazu in die Stube hinein. Der Vorgeher bringt die dicke „Buard" (Bündel) Besenreisig von der Holzschupfen hervor. Schon um Niklo sind sie beim Schneiden gewesen in ihrem „Moas" (Schonung) bei Schmidlkofen, und die Schulkinder, die ums Nachtwerden am Holz vorbei heimzu sind, haben geglaubt, der Klaubauf täte Gerten abschneiden, und sie haben zu laufen angefangen. Der Nachgeher holt einen Pack „Win" (Weiden) aus dem Gewölb und nachher sitzen sie auf der langen Bank um die Wand herum und tun zureißen. Gut armdick muß der Besensturz werden. Der Baumann hat am Stubendeckenbrettn (-balken) an einem Haken ein Seil mit einem Steigbügel dran festgemacht. Mit dem „roadlt" (preßt) er die Besen zusammen und bindet am Sturz zwei Weidengerten herum. Der Stallknecht stutzt mit seinem Sackmesser die Besen am Sturz und vorne gleichmäßig zu und fertig sind sie. Der Ahndl auf der Ofenbank schnitzt aus dicken Aststücken, die übrig geblieben sind, für die Kinder birkene Vögel, der Kachlofen bekommt das restliche Reisig und spuckt dafür bachelnde Wärme aus. „Weis da nöt grüabig war, beim Besnbindn!"
Eine Zeitlang werden die Besen noch auf dem Heuboden eingeschwert und gebrauchsfertig sind sie. Einige Dutzend gehen schon auf, das ganze Jahr über: einer steht hinter der Stubentür, zwei im Stall, einer vor der Haustür und auch auf dem Traidboden, dem „Stadltend" (Scheunen-Tenne) und in der Miststatt braucht man einen Besen: „Neue Besen kehren gut, aba alte wiss'n jed'n Winkel!" Ein stumpfer

Besen aber taugt immer noch zum Ausmisten. Wie wichtig der Besen einmal war, bevor die Raumpflegemaschinen erfunden wurden, zeigt uns auch die Tatsache, daß er im Kinderreim vorkommt:
„Drah die Weibal Flußpapier, g'stutzta Besn tanz mit mir!" Und meinen Vater höre ich noch „namön" (Namen geben), wenn er gut aufgelegt war: „Hans Dampf, Besenbinder, Nudlschlinder, Kalbizöiga, Ackerwöiga!"

Auf der Stör

„Da Nout derf ma koan Schwung lassn", hat der Häuslmann gesagt und die zerbrochenen Fenster mit Hadernlumpen verstopft, und er hat sich zu den Hühnern und Katzen in die Stube verkrochen. „Dafrorn hand scho vüi", hat er weiter gemeint, „dastunka is no koana!" „Die Bauernmannerleut' haben aber auch bei ärgstem Winterwetter wieder irgendwann hinausmüssen", so erzählt der Preislvater, der beim Kerscher zu Holzhausen als Baumann gedient hat. Die „Roos" (Rösser) haben das verlangt: Die trächtige Stute oder der „Heiß" (Fohlen) haben „geweist" (umhergeführt) werden müssen im Schnee, ein paar Fuhren Saumist sind mit den Rossen hinausgefahren worden.
Einschichtig ist es aber auch im höchsten Winter nicht zugegangen auf einem Hof. Die Handwerker sind auf die Stör gekommen und haben ihre Werkstatt in die Bauernstuben verlegt: Der Schuster hat die zu Lichtmeß von den Dienstboten abgetragenen Lederpantoffel und Schuhe repariert und für den Baumann ein Paar Stiefel gemacht. Die Näherinnen haben Gewänder, Schürzen oder gar die Aussteuer genäht. Der Schneider hat umgerichtet und gewendet, und wie das Hosentürl ihm einmal auf die Seite hingeraten ist, hat er die Kundschaft getröstet: „Macht nix, dös gibt sich scho beim Bögln (Bügeln)!" – Auch der Joager-Max mit seiner Kraxen, ein „gewappelter" (schlauer, durchtriebener) Pfannenflicker, hat etliche Tage Quartier gehabt auf dem Hof und der Bäuerin alles rinnende Geschirr, die Kessel, Pfannen und Reinen gelötet und vernietet. – Der Kleesamenreiber ist mit seiner Mühle von Hof zu Hof gezogen und hat auf dem Stadltend die goldgelben Körndl aus den „Häuseln" (Hülsen) gerieben. – Der Sattler schließlich hat die „Roos" – und Ochsengeschirre zusammengerichtet.

1 Niederbayerischer Vierseithof in Gablkofen/b. Griesbach.

2 Bäuerliche Familie um die Jahrhundertwende.

3 „Im Märzen der Bauer die Rösslein einspannt . . .“
Pferdegespann mit hölzernem Pfluggestell (um 1930).

4 Auf der Holzstatt im Hof wurden Stöcke gekloben, zersägt, zu Scheitl gehackt und zu Türmen aufgerichtet (1930).

Für die Weiberleut hat es an den Winternachmittagen Arbeit in der Stube genug gegeben: stricken, flicken, stopfen, besetzen, Federn schleißen, oder einmal auch Samengetreide ausklauben. Ein „gegupftes" (volles) Metzl Samengerste hat ihnen der Bauer nach Mittag auf den großen Tisch geschüttet. Bis auf die Nacht hin sind alle Linsen und Unkrautsamen, welche die Windmühle nicht weggebracht hat, ausgeklaubt gewesen. Nach der Wegarbeit und Nachtsuppen haben die Spinnräder gesurrt – „spinnen am Abend, erquickend und labend!" –, und die Mannerleut haben Kienspäne gekloben. In der Ofendurchsicht prutzelten eine Reihe Bratäpfel, und im Rauchfang pfiff der eisige Winterwind. Die Großmutter erzählt davon, wie ihr Ahndl in solch einer Winternacht fast einmal sein Leben eingebüßt hätte. Auf dem Heimweg ist das „Nachtgjoad" (Nachtgespenst) über ihm gewesen, geschrien, gejuchzt und gejault habe es in der Luft. Hätte er sich nicht auf den Boden hingeworfen, mitgerissen wäre er worden. – „Und wann dem erstn d'Augn zuafalln und neamd mehr schmatzt und lacht, so nehmans 's Spinnradl untern Arm und sagn sö öizamt guatö Nacht."

Wanns draußn wachelt

Wanns draußn wachölt, stürmt und schneibt,
und dö Schneequadna wachsn in d'Höh'
in da Stubm aba bachölts und da Kachiofa speibt,
ja nachat is a im höchstn Winta recht schö!

Ein rechter Winter muß Tage mit sich bringen, an denen man keinen Hund hinausjagt. Wir Schulkinder aber haben fortmüssen in aller Herrgottsfrühe auf den fünf Viertelstunden weiten Weg ins Pfarrdorf zur Schule. Und im Hochwinter mußten wir eine gute Viertelstunde dazulegen. Finster ist es noch gewesen, wenn wir heraus sind durch die Stubentür, wo die Mutter jedem ein Weichbrunnkreuzel (Weichbrunn = Weihwasser) auf die Stirn mitgegeben hat für den harten Gang. Und die Eltern haben gehaust und gespart, daß sie uns richtig gewanden konnten dafür: feste hohe Lederschuhe, jeden Tag frisch eingefettet, schafwollene Strümpfe, Schlipse und Hauben. Die Fäustlinge hingen an einer spulegehäkelten Schnur um den Hals, damit sie nicht verloren gehen konnten. Und gleichsam zur Heizung – weil ja die Kinderfinger besonders anfällig gegen Kälte sind –, steckte die Mutter in jeden Fäustling einen im Backrohr aufgebratenen Erdapfel.
Von Einöde zu Einöde, von Weiler zu Weiler wurde der Schulkinderhaufen größer. Eine Stube voller Kinder, fast in jedem Haus, das ist ja damals üblich gewesen. Ein Zug von dreißig bis vierzig Kindern ist es schließlich geworden, als es auf das Dorf zuging. Die großen Buben voran, traten eine Bahn durch den oft stiefelhohen Schnee, und beim Hindurcharbeiten durch die Schneequaden wurde allen warm. Und oft ein wenig zum Fleiß sind wir vom Weg abgekommen und bis über den Bauch hinauf im Schnee versunken in den Hohlkrempen. Wie die Schneemänner sind wir so beim Schulhaus angekommen, und der Lehrer sollte nur sehen, was wir auswärtige Kinder schon geleistet hatten, bevor der Unterricht anging! An besonders schlimmen Wacheltagen (Schneetagen) hat der Vater unseren Rappen eingespannt und mit dem Schneepflug uns eine Bahn gerissen. Der Postbote und der Brottrager mußten ja auch hinaus zu den abseits gelegenen Höfen. Hie und da kam es vor, daß der Vater mit dem Schlittenfuhrwerk nach

der Schule vor dem Schulhaus auf uns gewartet hat. Das war eine Freude für uns! Etliche Mehlsäcke und ein neues Wagenrad lagen auf dem Schlitten, aber es war noch genug Platz für uns Kinder. Auch die von der Nachbarschaft durften mit aufsitzen, und nachdem wir vom Vater in warme Roßdecken verpackt waren, gings dahin auf dem Schulweg, aber heimzu, vorbei an Höfen, Hölzern und Feldern unter tiefem Schnee. Der harte Morgenweg war vergessen, und wir haben uns gefreut auf die warme Stube daheim.

Hoagarten auf d'Nacht

Was kümmert es uns heutzutage schon, wenn es im Hochwinter auf d'Nacht draußen schneit und wachelt und wir sitzen im zentralgeheizten Wohnraum bei Neonbeleuchtung, Radio oder Fernseher. Denke ich zurück an meine Kinderzeit, da hat es all das noch nicht gegeben und doch ist es auch gemütlich gewesen bei so einem abendlichen Hoagarten, wenn draußen der schneidige Schneewind pfiff.

Schon unter der Wegarbeit haben wir Kinder den Kachelofen in der Stube mit Stockscheiteln aufgeheizt, daß er die Hitze gerade so ausgespieben hat. War nachher das Vieh im Stall abgefüttert und mit Streulager versorgt, so kamen die Leute herein, und es wurde die Nachtsuppe gegessen. Und jetzt begann der gemütliche Feierabend. Der Ziegler, der Wieser, die Schneiderbauern Nanni mit ihrem Mann, alles gerngesehene Nachbarn, sie kamen zum Hoagarten. Kanapee und Bänke sind voll besetzt gewesen, der Großvater mit seinem Rheumatisch hatte seinen Buckel am Kachelofen, die Großmutter, welche seit Jahren mit ihrem Gehwerk zu tun hatte, ist im Lehnstuhl gesessen. Sie hat die neue Fortsetzung des Reimmichl-Romans aus dem Öttinger-Blattl vorgelesen. Gern hat sie auch vom Wallfahrtengehn, als sie noch jung und gut zu Fuß gewesen ist, erzählt, alle Jahre zur Hochstraß hinaus zur Muttergottes zum Bitten und Danken. Einmal passierte es, daß sie und die Seppenpeter-Franzl heimzu in die stockfinstere Nacht hineingekommen sind. Damit sie sich durch das lange Franznbauernholz hindurch nicht so gefürchtet haben, hat sie mit fester Stimme einen möglichen Wegelagerer damit abgeschreckt, daß sie ganz laut sagte: „Geh, Karl, geh nacher, was tredelst (langsam sein) denn umeinander!“ Und sie hat fest mit ihrem Stecken auf den Boden aufgeschlagen.

Wir Kinder hatten Augen und Mund offen, als sie einmal gar die Geschichte vom Moosbrenner-Wabal, die den Teufel eingetrunken hat, erzählte: Vor gut 250 Jahren hatte es sich zugetragen. Ihr Vater verrichtete Hand- und Spanndienste beim Bau der neuen Kirche. Es wurde die Bier-Krugel herumgereicht. Als die Tochter Barbara, Waberl genannt, dem Vater, der ein Trinker war, den letzten Schluck wegtrank, gönnte er ihr diesen nicht und verfluchte sie: „Du sollst gleich den Teufel mit hineingetrunken haben!" Von da an ist das Waberl krank geworden und war von mehreren Teufeln besessen. Diese redeten lateinisch, französisch und hebräisch aus ihm. Das arme Dirndl ist gepeinigt worden, hat zeitweise nichts essen und trinken können und geheime Sachen von fremden Leuten auszusagen gewußt. Sogar den 16 Zentner schweren Altarstein konnte die Besessene von der Stelle rücken. Ein Zisterzienser-Pater vom Kloster Aldersbach hat zwei Jahre lang versucht, die bösen Geister auszutreiben. Erst, wie die neue Kirche zu Frauentödling fertig war, ist es dem Exorzisten, Seelenrauber vom Teufel genannt, unter dem Muttergottesbild gelungen, und der Geist ist durch das Kirchenfenster hinaus, in dem lange Zeit kein Glas gehalten hat. – So hat meine Großmutter berichtet, und eine Texttafel mit Bild tut es noch heute in der schönen Kirche zu Frauentödling.

Die Zeiger vom Regulator in der Stuben waren inzwischen schon weit vorgerückt und die Hoagartenleut brachen auf. Der Vater schaute draußen nach dem Wetter. Klirrend kalt war es, der Himmel heiter, aber der Mondschein hatte einen Hof und es ging ein hoher Wind, Zeichen dafür, daß das Wetter umschlägt.

Im Roßstall drinnen hörte man das Scharren der Hufe, die Kühe lagen auf der Streu und taten noch „irrdrucka" (widerkäuen), der Hofhund belegte sein Platzl im Futtergang des Stalles und die Katzen hatten sich im Heu verkrochen. Der Hausvater schob den eichenen Riegel vor die Haustür. Die Winternacht lag ausgebreitet über schneebedeckte Felder, Wiesen, Hölzer und Höfe.

Die Hausleute nahmen die Wärmflasche oder die in der Ofendurchsicht aufgeheizten Ziegelsteine und gingen zu Bett. Noch eine Wagldecke oben drüber, so wurde man schnell warm.

In die Holzstatt gehn oder: Die Geschichte von den Filzstiefeln

Da bei den meisten Bauernhöfen auch Wald dabei ist, kannte man nur den Brennstoff Holz. Und solches ging schon auf ein ganzes Jahr über, für den breiten Kuchelofen mit Bratröhren, Wassergrandln und vier Aufsetzplätzen auf der Platte, im behäbigen Kachelofen mit zwei Durchsichten in der Stube, für den Erdäpfeldämpfer und den Waschkessel. Das Öferl in der Austragsstube kriegte ebenfalls die geschriebenen Ster.

Im Spätherbst, nach der Feldarbeit, wurde ins Holz gegangen. Je nachdem ob ein neues Gebäude, etwa eine Wagenschupfe, geplant war oder nur Ausbesserungsarbeiten am Vierseithof anfielen, wurde ein kleiner Kahlschlag gemacht oder nur durchgeforstet. Da ein echter Holzbauer auf seinen Wald schaute, gab es da schon Gestämme mit drei oder vier cbm Maß zu fällen. Überzeitiges, braunes Holz am unteren Ort des Stammes gab etliche Ster Backofenholz. Aus schweren Stämmen hauten die Zimmerer die mächtigen „Bretten" (Balken), die langen „Rofern" (schmale Dachbalken), Stall- oder Zaunsäulen. Dabei fiel eine Menge „Hauschoarten" (Abfall) für den Ofen ab. Blöche, welche in der Sägemühle zu Bohlen, Läden, Brettern oder Latten geschnitten wurden, waren zuvor mit dem Schepseisen entrindet worden. Auch diese Schepsschoarten lieferten in den häuslichen Brennstellen „gache" Hitze. Der beim Holzschlag anfallende Wied wurde zu „Straman" auf der Holzstatt zusammengefahren, und die Weiberleut hackten im Auswärts, bevor die Feldarbeit begann, daraus die Stutzbirl zum Anheizen. Dürres Reisig, das die Winterstürme von den Waldbäumen rissen, wurde als „Gropparat" zusammengerecht und im Kuchelofen zur Erzeugung schneller Hitze verwendet. So waren, im Gegensatz zu heut, damals die Wälder fast wie ausgekehrt. Auch die Stöcke wurden mit viel Schweiß herausgereutet, „ausgestockt", zerschossen und dann auf der Holzstatt des Hofes gekloben, zersägt, zu Scheitl gehackt und zu Türmen aufgerichtet. Und obwohl diese Holzstatt meist einen etwas geschützten Platz zwischen Stadel und Wagenschupfe hatte, mußte man sich bei der Holzarbeit an einem grimmigen Wintertag schon umtun, daß einem warm wurde. Hut und Ohrenklapperl schützten den Kopf, besetzte Fäustlinge die Arbeitshände, und die Beine steckten am besten in dicken Filzstiefeln.

Und damit komme ich auch schon zu meiner Geschichte:
Der Luderbeck, ein stattlicher Bauer, hatte einen tüchtigen Baumann. Bei ihm hat es geheißen: „Das sind meine Roos!" Ein mittelmäßiger Pferdelenker sagte: „das sind unsere Pferde" und bei einem Taugenichts gehörten die Tiere „seinem Bauern".
Und weil es „seine Roos" waren, drum hatte ihnen der Toni im Herbst bei der Bauzeit und besonders hernach beim schweren Holzschleifen und -fahren mit dem Hafer mehr zugeklaubt, als es der Haferhaufen auf dem Traidboden vertragen konnte.
Wie an Pauli Behrung (25. Jänner), wo es heißt „halb hinum, halb herum", der Luderbeck den Getreideboden inspizierte, wäre er bald mit seinem Bama überzwerch gekommen: „Gell, Toni, daß du es weißt, wenn du weiter mit dem Hafer so wüstest, dann ist für uns zwei Lichtmessn!"
Etliche Tage darauf, wie es sich gehört nach Sebastiani, brach der Winter mit eisigem Regiment ein. Weil trockene Kälte herrschte, schaffte der Bauer seine Mannerleut' auf die Holzstatt hinaus. Der Toni dachte an seine neuen dicken Filzstiefel, welche ihm sein Bauer letzten Herbst als Extralohn spendiert hatte, da pünktlich zum Kirta zugebaut war, und er wollte sie aus seiner Kammer holen. Da hatte es aber einen Haken. Die Stiefel lagerten auf dem Gewandkasten und direkt darüber verlief der Bretten mit dem Getreideboden und dem Haferhaufen darauf. Letzterer war aber noch so gewichtig, daß er den Bretten „niederdaute" (niederdrückte) und damit die Filzstiefel so zwischen sich und Schrank einzwickte, daß der Toni sie ums Verrekken nicht herausbrachte. Da ist er zum Bauern hinabgerannt in die Stuben: „Bauer, jetzt han i den Beweis, daß du mir an Pauli Bekehr unrecht tan hast, der Habernhaufa is no vüi z'schwar. I derf meine Roos no guat fuadern, damit i meinö Stiefön no im Winta außabring und nöt erst zun Auswärts, wo i s'nimma brauch!"

Lichtmeß und Schlanklzeit

Laßts d'Wachsstöck heut' nach alt'n Brauch
enk weihn und zündt sie's an,
daß bald der Frühling kimmt zu uns
und 's Tagliacht wachsen kann!
(Max Matheis)

Mit dem Licht sparen, das ist ein häusliches Gebot gewesen, und die Sparsamkeit von den Weiberleuten ist daran gemessen worden. – Die Kienspanleuchten und die rußende Ölfunsel haben in den nächtelnden Wintertagen die niedrige Bauernstube mit den winzigen Guckfenstern kaum ausgeleuchtet, und die Stubenarbeiten sind in den zwielichten Stunden „im Greifen" verrichtet worden. Wichtig war dem Bauern das Kerzenlicht zu festlichen Zeiten. Und so hat er den Wachsproduzenten, den Impenstock (Bienenstock), am Lichtmeßtag in der Frühe gemahnt: „Imp, Lichtmeß is da!"
Ein Kerzenlicht brennt bei der Taufe, zur ersten heiligen Kommunion, am Traualtar und in der letzten Stunde. Kerzen werden angezündet beim Samstagsrosenkranz, während der Seelenmesse und an Weihnachten. Die dicke Hauskerze hat eine besondere Bedeutung! Sie leuchtet jedem Hausbewohner zur Reise in die andere Welt hinüber. Die schwarze Wetterkerze, die man vom Wallfahrten nach „Ötting" (Altötting) mit heimgebracht hat, sie brennt und flackert, wenn die „Himmetzer" (Blitze) zucken und die hölzernen Hauswände beim „Doaschlag" (Donnerschlag) erzittern. Ein Wachsstöckl kriegt der Firmling von seinem „Gödn" (Paten), die Braut vom Hochzeiter und die Dirn vom Knecht, die ihm das ganze Jahr über den Strohsack aufgebeutelt hat. – Ein ganzes Körbel voll Kerzen, erworben auf dem Wachsmarkt, trägt die Oberdirn zur Weihe in die Kirche. – Und beim Mittagstisch nach dem Kirchgang, da läßt sich keine Bäuerin lumpen.

Und Bäuerin, koch auf und back,
weil aussteht heut der Knecht,
und weil der Neue aa wohl glei
was Guats zum Essen möcht!
(Max Matheis)

Lichtmeßn ist der Zahltag für den Bauern und der Goldtag für die Ehehalten gewesen. Nach dem Essen ging es dem Brotherrn seinen Talern dran: Vom Vorgeher bis zum Stallbuben hinunter, von der Oberdirn bis zum Hausmensch wurde der ausgemachte Jahreslohn ausbezahlt. Von der Bäuerin hats die ausgetragenen (ausbedungen!) Schuhe, Pantoffel, Hemden, Söckel, für die Mannerleut den „Schaba" (Schurz) und für die Weiberleut' einen „Fürtazeug" (Schürzenstoff) gegeben.

„Pfüad Gott und nix für unguat!" sagten die Dienstboten, welche ausstanden, so der Rosserer, der an Pauli Bekehr schon weit über die Hälfte vom Hafer verfüttert hatte. Ihm wurde gekündigt: „Gell, daß du es weißt, für uns zwei ist heuer Lichtmeß!" Auch die Stalldirn, kein grobes Weiberleut, wechselt. Ihr wurde zunehmend das Fürtaband um die Mitte zu kurz.

„Hat getint mit drei und fleiß!" malt der Bauer ins Dienstbuch mit seiner schweren Hand, die lieber Sense und Dreschflegel führt, als die Feder fuchst. „Recht bleiben", sagt er, „ist wichtiger als recht schreiben!"

Um Lichtmeß war es, als ich durchs Dorf (= Griesbach) zur Post ging. Ein rechter Wintertag war, ein „Irta" (Dienstag), und der Hinterweber-Xaver, der mir begegnete, prophezeite: „Mir wern wieda an Schnee krieagn, mei Barometa, da denke Hax, auf den ma amöi a Höizbam aufigföin is, der zoagt ma's o!" Aus dem Metzgerladen kam der alte Hammerlbauer heraus. Er geht schon auf Neunzig zu, aber sein Gang ist noch aufrecht wie die Fichten und Tannen in seinem Holz draußen, das er recht schont. „Na", sag ich, „hast du dir einen ‚Broutlzeug' (Aufschnitt) kauft beim Metzger-Löis für den Nachmittag, ist ja ein Schlankltag heut?" Da fällts wie der Sonnenschein über sein zerfurchtes Gesicht. „Ja mei", erzählt er, „die Schlankldag daselmt, dös hand no Zeitn gwen, aba dö hand höit längst vorbei!" Mir zwei kommen ins „Schmatzn" (Reden): Mit den eigenen Kindern, zwei Knechten und etlichen Mägden, mit vier Rossen und ein Paar Ochsen ist die Arbeit früher getan worden auf dem Hammerlhof. Gewiß hat man sich oftmals schinden müssen, aber auf den Fasching mit seinen Schlankltagen, da hat sich alles gefreut.

Beim Postwirt kehrt die alte Wirtin, wie wir beide vorbeigehen, gerade

den frischen Schnee von der „Gred“ (Vorplatz) hinunter. Auch sie weiß noch allerhand zu berichten vom Schlankln auf ihrem Heimathof, beim Weißnbauern zu Gablkofen.
Sechs Tage, in der Mitte drinn Lichtmeß, waren ganz früher die Vakanz für die Dienstboten. In dieser Zeit wurde der Arbeitsplatz gewechselt, wenn es sein hat müssen. Man ist, wie man sagte, „aus- oder eingestanden“. Nur die allernötigste Arbeit, so die Weg- oder Stallarbeit, ist verrichtet worden, die übrige Zeit hat man geschlankelt. „Schlankln“ oder „schlenkeln“, so schreibt Andreas Schmeller in seinem Bayer. Wörterbuch, heißt soviel wie „müßig herumgehen“, nichts arbeiten also. Die „Schlanklweil“, wie man die sechs Tage auch genannt hat, wurde später ausgedehnt auf den ganzen Fasching bis zum Aschermittwoch: Jeden „Irta“ (Dienstag), „Pfinsta“ (Donnerstag) und Samstag ist nachmittags geschlankelt worden.

Heut is Lichtmeß,
da is mei Jahr aus,
da nimm i mei Ranzal
und mach a kloans Tanzal
und geh' bein Tor naus!

Am Blasltag werd' gschlanklt

Sankt Blasius stößt am Winter d'Hörndln ab!

Am 3. Febraur, dem Blasiustag, wird in der Frühe in die Kirche gegangen zum „Eiblasln“ (Blasiussegen). Der Herr Pfarrer erteilt nach der Messe jedem Kirchenbesucher mit zwei über Kreuz gebundenen brennenden Kerzen den Blasiussegen gegen Halskrankheiten: „Durch die Fürbitte des heiligen Bischofs und Märtyrers Blasius wolle Gott dich befreien von jeglichem Übel des Halses und von jedem andern Übel im Namen des Vaters . . .“ Der Legende nach rettete der Heilige einem Kind, dem eine Fischgräte im Halse stecken geblieben war, das Leben.
Am Nachmittag, so ist es Brauch, fährt der „Bama“ (1. Knecht) für die ausgestandenen Dienstboten den Kasten oder die Gewandtruhe. Auf einem guten Arbeitsplatz und bei tüchtigen Ehehalten hat es das selten gebraucht. Hat aber ein nichtsnutziges Bauernmensch recht häufig

seinen Bauern gewechselt, so hats geheißen: „D'Vierzehntag-Nanni brauchat an ihren Kasten Radl ani!"
So ein Bauernkasten, zusammengezimmert von einem kunstfertigen Dorfschreiner, war immer für einen bestimmten Menschen gemacht und kein Serienprodukt. Von seinen Türen schauten die Heiligen herunter: Leonhard, Georg, Barbara, Notburga, Florian oder Sebastian, oder ein anderer der vierzehn Nothelfer. Auch damals wollten Burschen und Madeln schon ihre Idole in der Kammer haben. Heute sind oft ganze Wände damit bepappt, nur sind es halt ganz andere!
Nach dem Umzug wird geschlankelt. Beim Hoagartner zu Gablkofen kommen sie heute zusammen, die jungen Leute – schon der Hausname verrät, daß es ein grüabiger Hoagarten (gemütliches Beisammensein) werden kann. Vier Höfe gehören zum Ort: der Seppenbauer, beim Weißnbauern, der Hoagartner und beim Köstler. Beim Ober, beim Unter, beim Kini und bei der Sau, so hat man spaßhalber auch gesagt. Und der Reihe nach kommt jeder dran an einem Schlankltag. In der geräumigen Stube unter der schweren Balkendecke sitzen sie beieinander. Die Burschen am quadratischen Tisch im Herrgottswinkel spielen Karten: Lampeln, Zwicken, Sabeln oder Watten. Weils nur zur Unterhaltung ist, wird um Bohnen gespielt.
Die Weiberleut' haben ihren Platz auf den langen Bänken an den Wänden entlang; sie stricken und besetzen Strümpfe, Socken oder Handschuhe, richten halt ihr Gewandzeug zusammen, irgendwann auch das vom Knecht, der sich dafür schon erkenntlich zeigen wird. „Jetz wann i a Gselchts hätt"', hört ma da auf einmal den Seppenbauernvorgeher, „nachert kunnt i mein neuches Messer ausprobieren!" Die Hoagartnerin bringt eine Pfanne voll Gremmeln und holt den Brotlaib aus der Tischschublade, da kann er auch die Messerschneide zeigen, weils Brot schon an die acht Tage alt ist.
Eine Schmalz-Sau ist auf Lichtmeß abgestochen worden, der „Weihnachter" ist ja längst „verbrotelt" (aufgegessen). Der Bauer stellt eine Krugel Most auf den Tisch. Bald muß er wieder mit der leeren in den Keller hinunter. „Mehr söi ma nöt trinka, öis wia ma mit Gwalt obibringt", meint der Köstlerbama, „und obi schmeckt's immer besser öis herauf!"
Der süffige, starke Birnmost hat Schneid gemacht. „Stockschlagn tun ma!" schreit der Stallknecht. Schon steht die „Fürbank" (Holzbank)

mitten in der Stuben. Der Vorgeher setzt sich darauf und läßt den neu eingestandenen Knecht knieend auf seinem Schoß einschauen. Die Mannsbilder postieren sich im Halbkreis herum, und jeder darf den „Stock“ auf das Hinterteil des Knechts schlagen. Errät dieser den Täter, so wird er abgelöst und der Stockschlager muß einschauen. Die Weiberleut' schauen von der Bank her zu und „kudern“ (kichern) und lachen. Jetzt aber holt der Edenthaler-Wast seine Mundharmonika aus der Rocktasche, ein paar Schnaderhüpfel werden gesungen und auf geht's zum Tanzen: Beim „Wintergrün“ und zum „Haxnschmeißer“ drehen sich die Mannerleut' mit den Weibern, strumpfsockig. – Aber wenn es am schönsten ist, muß man aufhören. „Leut', aufbrechen müßts“, mahnt der Bauer, „d'Stallarbeit kimmt zura!“

Beim Eisstockschießen

Der Februar hat oft seine Mucken,
baut aus Eis noch feste Brucken!

Der „Pfinsta“ ist da, ein rauher Wintertag, die Kälte fällt einen beißend an, Bäume und Zäune hängen voller Reif. Die Köstlermannerleut' sind auf der Holzstatt hinter dem Stadl beim Stöcke klieben. Ein Stock, wenn es einer ist von einer Viermeter-Tanne, der macht dreimal warm: beim „Herausreuten“, beim Klieben und im Kachelofen. Endlich schreit das Hausmensch zum Mittagessen, die Bäuerin trägt Gselchtes, Kraut und Knödel auf, sie haben ja zugreifen müssen, die Mannerleut' heute, und das tun sie auch jetzt. „An Löffi aus am Mäul und weida geht's mit da Arbeit“, meint der Knecht und holt sich den vierten Knödel aus der Schüssel, „vor große Knödel han i mi no nia gfürcht!“ Bei der anschließenden Stallarbeit muß es „schlaunen“ (schnell gehen) heute, es ist ja ein Schlankltag und ein trockenes Winterwetter.
Der Bauernmensch, der das ganze Jahr unter dem freien Himmel werkt, wird in seiner Freizeit kaum hinausgelockt in die Natur. Besonders in der kalten Zeit tut er lieber in der Stuben „um den Kachlofen herum einen Weg machen“, wie er spaßhaft sagt. Heute aber treibt ihn sein einziger Wintersport hinaus, das Eisstockschießen. So wird auf dem Wirtsweiher geschlankelt. Schon die Sebastianikälte hatte so dickes Eis gebracht, daß die Wirtsmänner eineisen haben können. Jetzt trägt das Eis schon wieder.

Zwölf sind ihrer beianand. Fürs erste Bot wird zusammengeschossen und nacher wird gemastet. Ein jeder glaubt, er könne es am besten, wenn er auch hie und da „derhungert“ mit seinem Stock auf der Bahn. „Sechse, sechse, – neune, neune, oben geht's eini!“ hört man es rufen. So genau geht es, daß man zum Abmessen der Stockabstände von der Tauben (Zielklotz) den Meterstab benötigt. Bot um Bot wird gewonnen oder verspielt, es geht um ein Zwanzigerl. Es ist so unterhaltsam beim Eisstockschießen, daß die Manner gar nicht „irregehn“ (bemerken), daß sich die trübe Wintersonne schon längst verzogen hat. Vom Seppenbauernboden herauf zieht Nebel, und sogar das Gebetläuten von der Pfarrkirche herunter wird überhört.
Da gesellt sich ein Fremder dazu, er möchte noch ein Bot mittun. Warum nicht, es gibt halt ein „Moar“ (spielt für zwei) bei dreizehn. Daß die Funken fliegen, so kann er schießen, der neue Ankömmling. Den Schützen wird allmählich „oartler“ (unheimlich). Da nimmt der Weißnbama wahr, daß unter dem Hosenbein des fremden Gesellen ein Roßfuß hervorschaut. Auf und davon „roasn“ allesamt, und nach dem Gebetläuten hat sich keiner mehr auf die Eisbahn getraut!

Eine Weizgeschichte

Für die Geister, Druden und Weizen ist Feierabend, seit die Menschen so aufgeklärt und gescheit sind und der Glaube so dünn, daß man ihn mit einem Geißelstecken abhauen kann. Aber kaum ein Menschenleben ist es her, so sagt die alte Postwirtin, daß ihre Mutter, die Weißnbäuerin von Gablkofen, an den Schlankltagen Weizgeschichten erzählt hat, die sich alle einmal wirklich zugetragen haben. Der eichene Tisch, in dessen Platte ein kunstfertiger Schreiner vor über hundert Jahren die bäuerlichen Werkzeuge bildhaft hineingearbeitet hat und der heute noch beim Weißn in der Stube steht, an dem sind sie dabei herumgesessen. – Freilich wurden zuerst Spiele gemacht. Die neu eingestandenen Dienstboten wußten welche, die man noch nicht kannte, und die von den gebliebenen Ehehalten auf dem Hofe waren den anderen neu. Mit Ruß oder Wasser, das im Winter gar so naß ist, mußten die Neulinge beim „Pfenniggampern“ oder beim „Sterngukken“ Bekanntschaft machen, und langweilig wurde es nie. Wenn es aber draußen zu nachteln angefangen hat, und das war um diese Tage

herum zeitig, so wurde die Weißnbäuerin um eine Weizgeschichte angegangen.
„Mir hat ers selber verzählt und ös derfts mas scho glaubm", so fängt sie an, „um Kathrein ist's gwen, da fahrt der Stallbauer mit Wagl und Roos, gegen Mitternacht zua, von Steinberg von einer Hochzeit heim. Wie er in der Höh obn ins Holz einikimmt, springt eahm aufn Waglsitz a Mandl auf. Dös Roos fangt zun Fiebern an und kann's Wagl kam mehr daziagn, an Bauern treibt's an Schwitz (Schweiß) außa. Er versuacht dös Mandl obiz'steßn, da zoagt's eahm 's Gsicht. A verstorbna Keglbruada is, der eahm zu Lebzeiten allweil 's Geld abgwunna hat. Erst beim Höiz außi, wias vo da Griesbacher Kircha her zwölfi schlagt, is dö Weiz vaschwundn."
Die Weiberleut' sind grad froh, daß sie jetzt nicht weit heimzu haben.

Die Faschings-Tag und 's Maschkerergehn

Burschen, richts enk d'Bladern her,
d'Larven, 's Maschkragwand!
Wia die Wilden hetz' ma heut
Dorfleut durchanand!
(Max Matheis)

Hat das Faschingstreiben in altbaierischen Dörfern und Märkten auch keinesfalls mithalten können mit der Ausgelassenheit und dem Aufwand an den närrischen Tagen in seinen Hochburgen unserer Zeit, recht lustig ist es auch damals zugegangen, vor allem wenn im Ort einige tatkräftige Initatoren waren – „Urviecher", wie man sagte –, denen keine Gaudi zu dumm war.
Neben dem voraus beschriebenen, mehr hoagartlichem „Schlankeln" in der Stube, war das „Maschkerer-Gehen" Brauch. Da Geld wesentlich rarer gewesen ist als heutzutage, konnte die Maskerade nicht einfach im einschlägigen Geschäft gekauft werden. So ist das Gesicht hinter einer nicht selten furchterregenden Larve versteckt worden und der Körper in abgetragenem Kleiderwerk. Burschen verwandelten sich gerne in Weiberleut' oder Hexengestalten. Die Maschkerer zogen durchs Dorf und von Hof zu Hof und haben vor dem Haus oder, falls ihnen das Eindringen gelang, in der Stube ihren Reigen aufgeführt. „Fotzhobel" (Mundharmonika), „Ziach" (Ziehharmonika), „Stoußgeign" und Schlagzeug haben für Begleitmusik gesorgt. Daß es die vermummten Burschen bei ihrem „Maschkerer-Tanz" besonders auf die jungen Weiberleut' abgesehen hatten, verstand sich von selbst.
Indianer und Cowboys mit Colt, die uns der amerikanische Einfluß nach dem 2. Weltkrieg beschert hat, sind damals nicht zu sehen gewesen. Aber an die Gestalt eines „Herzkönigs" kann ich mich in ferner Kinderzeit noch zurückerinnern: Der lange Mantel des Maschkerers ist über und über mit Spielkarten behangen gewesen. Wir Kinder haben in den Faschingstagen jedenfalls – fast wie zu Niklo – mit prickelnder Spannung, teils mit Freude, teils voll Furcht auf die Maschkerer gewartet. Und vor den mit ihren aufgeblasenen „Saubladern" zuschlagenden Gestalten haben wir Reißaus genommen.

Lustige „Schlittasch"

Weil es gerne zu Lichtmeß gestürmt und geschneit hat, so ist mit den Faschingstagen auch das rechte Wetter für die Schlittasch angebrochen. Die Verbindungsstraßen von Ort zu Ort sind, damals noch ohne Teerdecke, zur Schlittenbahn zusammengefahren gewesen. Und vielleicht hat der „Wegmann" an dem Tag der geplanten Schlittasch auch mit seinem Streugut etwas gespart. Wer von den Erwachsenen des Dorfes noch mobil und abkömmlich gewesen ist, der hat sich für die Gaudifahrt gerüstet. Unter die mit Festtagsgewand oder Feiertagsmontur Gewandeten haben sich die Maschkerer gemischt. Der Bauer ließ sich von seinem Baumann den „Kastlschlitten" einspannen, die Burschen haben auf die großen Holzschlitten Brettersitze aufgebaut und die Fuhrwerke mit grünen Boschen und *„gscheckaten* Bandeln" geziert. „Und eine Hetz ist es gewesen", so erzählt der alte Peisl-Vater mit spitzbübischen Zügen im Gesicht, „wie bei der scharfen Trappfahrt um die „gache Reiben" (starke Kurve) das Sitzgestell zusammengebrochen und die lustige Gesellschaft in der Schneequaden gelandet ist."

Das Geklinsel (Geläute) der Schellenkränze auf den Pferdekummetn hat die rasante Fahrt begleitet und der „Schneestaub" die Fahrzeuge eingehüllt. Der Wirt im Nachbardorf hatte alles hergerichtet für den Empfang der Schlittasch-Gesellschaft: den astbinkigen Bretterboden im Saal gewachselt, den gußeisernen Ofen schon tags zuvor eingeschürt und damit die Fenster „abgeleint" (enteist), die Bierfassel mit Eiskellertemperatur in die Schenke gebracht und die Weißwürste und Züngerl in der Kuchel bereit gestellt. Die Musikanten mit Trompeten, Klarinetten, „Bumbradon", Trommel und Tschinellen kamen meistens auf dem ersten Schlitten an der Zugspitze mit an. Nachdem der Hausl und die Knechte die „Roos" eingestellt und versorgt hatten, ist es aufgegangen von drei Uhr nachmittags bis weit in die Nacht hinein. Die Älteren haben sich in der rauchigen Gaststube unten vergnügt, die Jungen oben auf dem Tanzboden.

Dös is a Blechmusi, dö laßt si hörn,
da muaß a Ghörloser tanzad no wern.
Dö holt an Teifi no raus aus der Höll,
so haut's in Trummi ein und in Tschinell.

Mühlradel, Flöhbeutler, Landler, Rutsch hi,
dö machans steigerd wia d'Kickericki.
Gibt's denn was Schöners wia unsrige Tanz?
Da kannst dein Schmalz einlegn und d' Figulanz.
(Max Matheis)

Nach der Halbzeit von jedem „Tanz-Gestell" steigen die Musikanten vom Podium herunter und sammeln mit dem Hut 's Zehnerl von den Tänzern ein. In einer etwas längeren Tanzpause zu fortgeschrittner Zeit tritt der Edi, seines Zeichens Trommel- und Tschinellenschläger der Kapelle, mit einem Nachthaferl auf dem Kopf mit einem Couple auf. Dabei kann man sich kugeln vor Lachen, und die Burschen haben Zeit, sich den „Schwitz" vom „glühenden Hirn" zu wischen und sich mit der „Ihrigen" in die wenig ausgeleuchtete Saalecke zu verdrücken und ihr Schmeicheleien ins Ohrwaschel zu flüstern. – Auch die „Alten" kommen um diese Zeit zur Stiege heraufgekraxelt, um nachzuschauen, was sich bei den Jungen auf dem Tanzboden zusammengepaart hat. – Und die „Einlage" der langen Philomena und des „derbotzten" Florians, der mit dem Rauchfangkehrerleiterl zu ihr hinaufsteigen muß, um sie abbusseln zu können, strapaziert die Lachmuskeln der Faschingsgäste kräftig.
Die Schlittenrückfahrt in oft eiskalter Winternacht bläst Bierdunst aus und kühlt Liebesglut ab.
Acht Tage später ist die „Schlittasch" in entgegengesetzter Richtung erfolgt. Und noch in der heiligen Fastenzeit wurde besonders von den jungen Leuten immer wieder erwähnt, wie einmalig schön die heuerige Schlittasch gewesen ist.

D'Faschingshochzeit

„Der tugendsame Jüngling Adam Schnapsstöpsel hat die hochlöbliche Absicht, mit der jungfräulichen Barbara Bierschlegel in den Hafen der Ehe einzuschiffen. Der hochgeehrte Prokurator Toni Zwicknase wird am Faschingssonntag um drei Uhr nachmittags auf dem Misthaufen hinter dem Postwirtshaus die feierliche Zeremonie vornehmen. Die freiwillige Feuerwehr, der Postwirt und vor allem das gepriesene Brautpaar laden die gesammte Bevölkerung herzlich zu diesem einmaligen Ereignis ein."
Mit diesem Text ist die Faschingshochzeit (Parodierung der Bauern-

5 Noch bis vor 30 Jahren inszenierte man in fast allen ndb. Dörfern am Faschingssonntag die Faschingshochzeit (1950).

6/7 Kinderfasching in Diepoltskirchen (1955).

7

8 „Eisen“ auf der Vils vor 30 Jahren.
Um Sebastiani hatten's die Bräu und Wirt „gnädig“. Auf Weihern und Altwassern wurde das Eis für die Bierkeller geerntet.

9 Stammtischler am Ofentisch beim „Postwirt“ in Griesbach/b. Dingolfing (um 1930).

hochzeit) angekündigt worden. Meist wurde sie für den veranstaltenden Verein – Feuerwehr oder Schützenverein – zu einem kassefüllenden Geschäft.

Die dazu notwendigen „Aktöre“, wie die superlange Braut, der knirpshafte Bräutigam, Ehrmutter, Brautführer, Prokurator und Kranzljungfrau, sind von verkleideten Burschen dargestellt worden. Wichtig ist ein einfallsreicher und schlagfertiger Gstanzlsänger gewesen, der beim „Ehren“ möglichst alle anwesenden Hochzeitsgäste an den Brauttisch dirigiert, damit sie mit dem Brautpaar „Prost“ tranken und ihre Spende in die Schüssel mit dem Zinnteller legten. Ein lustiges „Schnaderhüpfel“ des Prokurators war der Dank dafür und hielt die Gäste bei Laune.

Der Wirt kam auf seine Rechnung durch reichlichen Bierausschank und das Hochzeitsmahl, das jeder Gast aus eigner Tasche zu bezahlen hatte. Der Faschingsbraut ist traditionsgemäß das Sauschwänzel aufgetischt worden. Einen besonderen Jux für den Fasching hatte sich der Wirt von Untergünzkofen ausgedacht. Er hat seinen Gästen, vor allem den weiblichen, einen mit Bier gefüllten Maßkrug zum Trunk angeboten, den er zu drei Viertel mit Blei ausgegossen hatte. Seine helle Freude hatte er daran, wenn das Opfer verzweifelt versuchte, den Krug zu stemmen.

Faschingshochzeiten, vor dreißig bis vierzig Jahren noch Attraktion, als die Fahrzeuge der Gäste noch von Pferden gezogen wurden, sie werden da und dort auch noch in unserer Zeit in niederbayerischen Dörfern inszeniert.

Faschingsdienstag und Faschingseingraben

Lustig ist die Fasenacht, wann die Muadda Krapfa bacht,
wann sie aba keine bacht, nacher pfeif i auf die Fasenacht!

So heißt ein alter Kinderspruch, und der von den „großen Leuten“, die es mehr mit dem Fleisch gehalten haben, hat geheißen:

Heut' is da Faschingstag, da sticht da Baua d'Naschin ab,
und an Bärn a dazua, nah' ham ma Fleisch gnua!

Wenn sich die Bauernleut' schon in der Fastenzeit recht streng an deren Gebote gehalten haben, so wollten sie zuvor auch den ihnen zustehenden Festschmaus genießen.

So ist am Faschingsdienstag vormittags der Krapfenteig, der vorher von muskulösen Knechtsarmen tüchtig durchgeschlagen worden ist, in der Kuchl beinah über den Rand der hohen und weiten Teigschüssel gelaufen. Das „Hausmensch" hatte schon auf zwei Fürbänken die langen Backbretter aufgelegt, mit der mehligen Seite nach unten. Die Bäuerin aber holte mit dem Schürhackel alle Ringe der Herdplatte heraus und setzte den Riesenkessel mit Butter- und Schweineschmalz aufs offene Feuer. Krapfenspieß und Brandschmalzhaferl mit Seiher waren bereit. Und dann brodelte es in der Pfanne auf und die ausgezogenen Bauernkrapfen liefen auf und färbten sich goldbraun. Die Kuchel und bald das ganze Haus durchzog ein Duft, der einem das Wasser im Mund zusammenlaufen ließ.

Nur wer schon vorkostet, weiß, was so ein frischer Bauernkrapfen aus der Pfanne, mit Weinberl drin, für eine Gaumenfreude ist, vor allem, wenn man nicht zu oft im Jahr damit verwöhnt wird. Und viel Krapfentage hat es ja nicht gegeben: Drischlmahl, Kirta, Rauhnacht und Faschingstag. –

Ab den fünfziger Jahren hat das Faschingstreiben auch die Kinder und die Schuljugend erfaßt. Verkleidet als Märchengestalten, als Bettler, Räuber, Rauchfangkehrer und natürlich auch als Kasperl durften sie in die Schule kommen und nachmittags durch Straßen und Gassen der Dörfer und Märkte ziehen. Geschäftsleute warfen ihnen „Guatln" (Bonbons) zu. –

Zur mitternächtlichen Stunde zwischen Faschingsdienstag und Aschermittwoch, am Scheidepunkt von Fasching und Fastenzeit ist der Fasching eingegraben worden. Ein lustiger Zechbruder legte sich in einen Sautrog, wurde von der schon recht närrischen Gesellschaft mit einem Besen „befötzt" und mit entsprechenden Gesängen als Fasching zu Grabe getragen. Als dabei auch kirchlicher Beerdigungsritus nachgeahmt worden ist, und es zu Ausartungen kam, sind kirchliche Behörden dagegen eingeschritten.

Mancherorts ist der Brauch des Faschingseingrabens auch in der Form vollzogen worden, daß eine Strohpuppe mit Wein und Bier bespritzt und unter vielstimmigem Gesang „Fasching bleib da!" in den Wirtshof hinausgetragen und dort verbrannt worden ist. Damit mag wohl auch das Vertreiben des Winters versinnbildlicht worden sein.

Gar is mit'm Fasching – Die Fasttage kommen

Je nachdem, ob Ostern spät oder früh ist, dauert der Fasching lang oder kurz. Vielen ist er und mit ihm die Schlanklzeit viel zu schnell vergangen. Die Krapfen, welche die Bäuerin am Faschingsdienstag in ansehnlichem Ausmaß und reichem Quantum buk, waren gleichsam ein Abschiedsmahl. Aber auch offiziell wurde das Faschingsende begangen beim Faschingseingraben kurz vor Mitternacht und Beginn des Aschermittwochs.
Was von zuhause fortkonnte, ging am Morgen dieses Tages zur Messe und zum anschließenden „Einascheln": „Gedenke, o Mensch, daß du Staub bist!" Am gleichen Tag ist in Vilshofen drunten ein bedeutender Viehmarkt gewesen. Junge Waldlerochsen – im Wald wurde um diese Zeit das Futter oftmals schon rar –, standen reihenweise an der Donaulände angehängt und warteten auf einen Käufer von herüberhalb der Donau. Noch heute sehe ich sie vor mir, zwei schöne „Burschen", die unser Vater einmal aus Vilshofen in mehrstündigem Fußmarsch heimtrieb. Max und Moritz haben wir Kinder die zwei getauft, die mehrere Jahre auf unsern Äckern und Wiesen mit ochsenweiser Bedacht die Arbeit verrichteten und dann als schwere Mastochsen dem Ende aller Rindviecher zugingen.
Der Hinterweber hat auch sein Öchslein Vilshofen zugetrieben, bergauf ist es langsamer gegangen. Es ist bekannt, daß der Altbayer oft nicht besonders gschmatzig ist mit anderen, dafür redet er dann mit sich selber. So hat der Hinterweber sich in Gedanken den Aschermittwoch-Ochsenhandel ausgemalt und zu schmatzen angefangen: „Gell", werd i sagn zum Handler, „ein schöner Ochs!" „Ochs", wird der zahnen, „is mehra ein Goaßbock!" „Dö Goaß", werd i außagebm, „dö hamms einwendig!" „Was möchtest denn nachert dafür?" werd er fragn. „Fünfhundert Mark", werd i verlanga. „Bist narrisch!" werd er schrein. „Vierhundert is mei höchsts Gebot!" werd er bieten. „G'hört scho dei", werd i einwillinga und dö Händ hinrecka zum Einschlagn.
Als der Bulldog auf den Höfen Einzug hielt und man den Ochsen nicht mehr brauchte, gaben sich die Politiker ein Stelldichein am Aschermittwoch in Vilshofen.

An am Fasttag hat's Maul an Rasttag! das hat damals Gültigkeit gehabt bei den Bauersleuten, und das Fasten wurde ernst genommen. Das letzte Rankerl Gselchts von der Mettnsau war längst verbrotelt, so hat man sich in die Mehlspeisen einhängen müssen: Rupfhauben, Dampfnudeln, Maultaschen, Erdäpfelschmarrn, Drahtewichspfeiferl, Lümmeln und Latzen oder Bruckbäum hat die Bäuerin auf den Tisch gebracht.

An den Fasttagen, zwei- bis dreimal in der Woche, hats auch die Trebern- oder Brennsuppe getan. „Eine warme Suppe und eine heilige Messe tut dem Christenmenschen alleweil gut", hat die Bäuerin vertröstet. Eine fettäugige Hennensuppe ist eine Seltenheit auf dem Tisch gewesen: Es hieß: *Schlacht da Bauer a Henn, nachert is er krank, oder die Henn!*

Der Brotleib hat jetzt eine ganz besondere Bedeutung gehabt. Heilig ist er gehalten worden. Und wenn ihn der Bauer vor dem Anschneiden dreimal bekreuzigt hat, so ist es nicht gewesen, damit er dreimal so lange reicht, wie nur böse Zungen behaupten konnten. Alle acht bis vierzehn Tage wurde auf dem Hof das Hausbrot gebacken, zehn bis fünfzehn Laibe, je nach Kopfzahl der Bauernfamilie. Erleichtert atmete die Bäuerin auf, wenn sie beim Herausnehmen des Brotes sah, daß es geraten war. Und das Wasser lief mir im Mund zusammen, wenn meine Mutter mir, beim Nachhausekommen zur Vakanz, einen frischen, knusperigen Brotanschnitt mit dick Butter aus dem Butterfaßl drauf zur Begrüßung reichte.

Wer aber den Brotanschnitt allein ißt, der wird geizig, so glaubte man.

Amöi trucka, amöi naß

Amöi trucka – amöi naß
amöi gstroacht und amöi granti
amöi gschled – amöi gschwoaft
amöi süaß und amöi hanti!

Erstat arschling – nachat hiefür
irwat hei und irwat roppat
erstat obm und glei drauf unt
irwat greinad – irwat foppad!

Oamöi kreuz und oamöi quer
zerstat woach und aftat zach
böid stoahirt, böid gagallind
zerstat schleichad nachat gach!

Da oa zaunspeer, da anda foast
da Weg oft bucklat und oft ebm
zerst saukoit nachat damisch hoaß
aso gehts auf und o im Lebm!

Märzenbock und Schönheits- und Stärketrunk

Jetzt werds de Haserl warm ums Herz,
und a jed's Graserl g'spürt den März.
. . .
Der Starl hockt z'höchst auf seim Haus
und singt und pfeift an Winter naus.
A Schmetterling is aa scho wach
der fliagt der warma Sunna nach;
. . .
in jedem Stoa schlagt no a Herz
und will sei bisserl Glück im März.
(Joseph Maria Lutz)

Trocken soll er sein der März, denn:
Märzenstaub bringt Gras und Laub! Damit es aber dem Menschen nicht zu trocken wird in diesem Monat, drum sieden die Bräu das nasse Märzenbier, das oftmals zum Bock wird und den Trinker stößt.

Beim Bräu zu Heilmfurth sitzt ein Tisch voller Mannerleut' beim Märzenbier und „dischkuriert" (diskutiert) ein wenig: „Ja", sagt der Hanichlbauer, „wannst das Märzenbier schmeckst, da darf dich keine Zeit und auch kein Geld reuen! Da is mir keine Straße zu bucklig und kein Weg zu weit." Und so kennt er in weitem Umkreis jede Brauerei, die einen gesüffigen Bock ausschenkt. Er setzt den Maßkrug an, legt seine Zunge auf die Seite und läßt es hinunterrinnen. Nachdem er vom Schnauzbart den „Foam" (Schaum) gewischt hat, taxiert er: „Manner dös is a Bier, hast g'hört!" Und spät, wenn nicht gar früh wird es werden, bis sich der Hanichl soviel Schneid angetrunken hat, daß er sich zu der Seinen heimtraut.
Am 17. März steht Sankt Gertraud auf dem Kalenderblatt: *Gertraud taut d'Erd auf!* so wird gehofft, sie kann aber auch noch einen Eiszapfen in die Erde stecken. Und doch muß es jetzt „Auswärts" werden. An Gertraud läuft auch schon die Maus aus, und Gertraud mit der Maus treibt die Spinnerinnen aus. Mit der Spinnstube ist es jetzt vorbei, und das Spinnradl wird auf den oberen Boden hinaufgetragen. Die Feld- und Wiesenarbeiten beginnen. So sagt man: *Es führt Gertraud die Kuh zum Kraut, die Impen zum Flug und die Roos zum Zug.* Bevor es aber richtig angeht mit der Arbeit, wird noch eine Stärke angetrunken und mit der auch die Schönheit. Am ersten Fastensonntag, er wird auch der „Weiß Sunnta" geheißen, da „weist" (führt) der Bursche sein Madl, der Hochzeiter seine Braut, der Bruder die noch „einschichtige" (ledige) Schwester zum Schönheits- und Stärketrunk. Und mögen nachmittags auch die Kirchenglocken zur Kreuzwegandacht rufen, die jungen Leute zieht's heute zum Lebzelter.

Am ersten Fastensunda
hat si' a jeds Paarl gern,
die alt'n wia die junga,
und bsunders, die oans wer'n.

Beim Lebzelter im Markt drunt,
da kehrn ma alle ein.
Da kauf' ma uns oa Bretzn
und trinken Met und Wein.

(Max Matheis)

Was gut und teuer ist, das wird dem Dirndl vorgesetzt, da möchte sich kein Bursch lumpen lassen. Und die Fastenbrezeln müssen gut schwimmen. Drum läßt er sich eine Maß Bier hinstellen, der Seinen

aber eine Flasche Muskateller-Wein oder honigsüßen Met kredenzen. Ohne Musik geht es bei der blauweißen Schönheit und Stärke nicht. Da Duschl-Toni, der dauernd über seine „zlechselte" (trockene) Musikantengurgel jammert, er spielt vom Musikantenpodest herunter mit seiner „Ziach" (Ziehharmonika) auf. Das großzügig von den heut so freigebigen Burschen spendierte Bier schmeckt halt gar so gut. „'s Wasser kann ich nicht einmal in den Schuhen drinn leiden", lamentiert er, „und beim Wassertrinken, da träumt mir von den toten Leuten!" Jetzt „krachizt" (krächzen) er auch noch ein Schnaderhüpfl heraus:
„Ja Burgl, wia i sehg, trinkst an süaßn Wein gern,
paß no recht auf, daß er nöt amöi essigsauer tuat wern!"

Drum Leute, steßt's alle an jetzt,
es leb die Stärk und Schön'.
Dös Guate bleib lebendi,
dös Schlecht' soll untergehn!
(Max Matheis)

Josephi

Da Michö (29. Sept.) *zendt s'Liacht an, da Sepperl löschts aus!* Das hat Geltung gehabt, wie man noch mit Kienspan, Kerzen und Petroleum gelichtelt hat.
„‚Wanns amöi Josephi is, endet a da Winter gwiß!' hat aber auch nicht alleweil gestimmt", sagt der Falterbauer, „ich hab schon zugebaut gehabt an Josephi und bin auch schon durch Schneequaden zur Seppalfeier beim Wirt."
Josephi, 19. März, stand vor etlichen Jahren noch rot auf dem Kalender bei uns in Bayern, die Kinder hatten schulfrei, heute ist's ein abgeschaffter Feiertag. „Seit die Maschinen dem Bauern die Arbeit abgenommen haben, hat er keine Zeit mehr für die alten Feiertag", grantelt da Schwoarzmoar-Sepp, ein alter Austrägler.
Und auch der Taufname Joseph ist heutzutage aus der Mode gekommen. Vor rund dreißig Jahren dagegen hat es bei uns kaum ein Haus gegeben, in dem nicht ein „Sepp" daheim war. Nicht selten waren Großvater, Vater und Bub auf diesen Namen getauft. Haben gar noch ein paar Knecht-Seppn auf dem Hof gearbeitet, so ist es vorgekommen, daß der Bauer angeschafft hat: „Sepp, sag's am Seppn, daß der Sepp an Seppn sagt, daß der Sepp a Kirm voll Heu obatragt!"

Damals hörte man auch noch den Schimpfspruch: „Sepp, du Depp, hast's Geld vaschleckt, an Höiz hibei um halbi drei, hast Brockan gspiebm und d'Leut vatriebm!"
Niederbayerische Hausnamen wie „Seppenbauer", „Seppenpeter" und „Beiglseppal" stammen ebenfalls aus der Seppen-Überflußzeit. Ein Weiberleut, das den Heiligen zum Namenspatron hatte, wurde Josephine genannt, oder „Fine" oder „Peppi" gerufen.
Da gab's schon etwas zu gratulieren früher am 19. März daheim und in der Gaststube bei der Sepperlfeier.

Joseph, dees is halt a Nama,
Joseph, dees macht no was her!
Als Joseph, da brauchst di net schama,
als Joseph, da bist oafach wer.
(Joseph Maria Lutz)

's Impn-Brechen

Sankt Benedikt hat's Liacht abzwickt,
hat's noamal zwickt, hat's ganz vaschlickt.

Der 21. März ist „sein Tag" und ab da konnte man mit den Hühnern aufstehen und ins Bett gehen, so daß kein Licht mehr nötig war. *An Benedikt acht wohl, daß man den Hafer säen soll!* hat die Regel den Bauern gemahnt. Wäre aber wirklich noch nicht abgeapert gewesen um diese Zeit, so hätte man sich getröstet: „Nur Geduld, der Schnee vergeht, eh daß er warm werd" und „Wia der Hergott naß macht, so macht er auch wieder trucka!"
Aber nicht nur das Anbauen, auch die erste Ernte ist in den Auswärts gefallen: das Impen-Brechen.
Kaum ein Bauernhof damals, auf dem nicht um diese Zeit die Bienen den ersten Ausflug gemacht haben. Kunstfertig geflochtene Impenkörbe aus Stroh und hölzerne Untersätze, bei einem schweren Volk gleich zwei oder gar drei, im geschützten Impenhaus oder auf dem Schrot unter dem weit vorschießenden Dach untergebracht, das war die Behausung für die so wichtigen Insekten. An einem sonnigen, windstillen Vormittag ist es dann soweit gewesen: Mit Impenhaube und Handschuh geschützt, hat der Imker mit einem langen Eisenkrük-

kel aus dem auf der Waschbank umgestülpten Bienenkorb die Honigwaben herausgebrochen. Die daheimgebliebenen Impen sind durch einen Blasbalg mit Heusam-Qualm zurückgetrieben worden. O mei, war das ein „Geschleckats“ (Nascherei) für uns Kinder, so eine frische Honigwabe auszuzutzeln! Die Ofenwärme mußte dann Wachs und Honig voneinander trennen. Die fleißigen Impen aber haben sofort wieder das Sammeln in der Natur angefangen.
Ein moderner Imker unserer Zeit lacht vielleicht über die damaligen Imkerei- und Honigerntemethoden. Und trotzdem gab es auch in einer Zeit, in der noch nicht die Technisierung der Landwirtschaft auch den Lebensraum der Bienen schwer beeinträchtigt hatte, gute Honigernten.
Die ganze Natur, die Pflanzen und das Geviechert erwacht jetzt. Der Kater schleicht der Kätzin nach, und wer sich am ersten oder letzten März foppen läßt, wird als „Märzenkater“ derzahnt (ausgespottet). Die Bäuerin setzte die erste „gluckazödö“ Henne an. An die zwanzig Stück Eier legt sie dieser in das Nest in der Kirm oder im Streukorb. Das Nest wird dann an einen sicheren Ort gestellt, damit die Eier nicht „geprellt“ werden.
Und das Bild nachher, wenn die Hennenmutter mit ihrer Singerlschar lockend und voller Fürsorge über den Hof gezogen ist, angriffsbereit jedem Feind gegenüber, so auch dem Hühnerhabicht, falls er sich in den Lüften sehen ließ.
Singerl, Wutzerl und Lieberl, lauter Federviehbabys zum Liebhaben, belebten zur Freude für uns Kinder den Hof um diese Zeit.
Auch Märzenferkel und Märzenfohlen haben alle Bauern wollen. Beim Hasn-Karl hat die Sau Märzenferkel geworfen, gleich ein Dutzend, drei aber waren tot. Und der Karl wußte gleich die Ursache: „Wo kunntn mir ein Glück ham im Stöi, wann mir d’Hex im Haus ham!“ Die Stalldirn hatte sich nämlich etliche Tage zuvor einen modernen Bubikopf schneiden lassen.
Am 25. März, dem Tag Mariä Verkündigung, kehrten die Schwalben um und bezogen ihre Nester im Stall, unter dem Dach oder am Bretten auf der Dieln.

Juche, frisch auf

Zwiefacher – Volksweise Text und Fassung: J. Eberwein

Aus: Josef Eberwein: Lieder und Zwiefache. Das Holledauer Liederbuch. 1972

Der launische, nasse April

> Aprui is erst, i woaß ja scho,
> der regnt gern keit und schneibt oft no,
> der bloast an Wind her, daß di draht –
> und na scheint d'Sunna mäuserlstad
> und sagt: 'sFrüajahr kimmt do!
> (Joseph Maria Lutz)

Da Aprui tuat was er wui! – Märzschnee frißt, Apruischnee dungt! – Wann da Aprui steßt rauh ins Horn, so steht's guat um Heu und Korn! – Is aba da Aprui schön und rein, braucht da Mai sich nöt zu freun! – So wissen es alte Wetterregeln über den Monat, welchen man den launischsten unter den zwölfen nennt.

Am 1. Aprui schickt ma d'Narrn hie, wo ma wui!

Kinder und der „Doik“ (Dorfnarr) werden ausgeschickt um ein „Stranitzl“ Igelsamen, um eine Portion Oxdradium, um ein Schächterl Ibidum oder ein Fläscherl Krebsblut. Und kommen sie zurück, so werden die Gefoppten begrüßt: „Apruiochs, Apruiochs, glaubst d'as nöt, so tatst d'as nöt!“ Und wenns jetzt noch so „schneepoasselt“ (graupelt, hagelt), die Natur ist nicht mehr zum Halten. Für Bauer und Roß heißt es hinaus aufs Feld. „Der Bauer muß mit dem Herrgott Schritt halten, hat er auch grad zwei kurze Beine“, sagt Bauernpfarrer Weigert. Und einer, der es mit folgenden drei Tugenden halten würde: beim Arbeiten „fröisn“ (frieren), beim Essen schwitzen und unterm Beten schlafen, den könnte man nicht gebrauchen. – Die Äcker aber brauchen jetzt Dünger: „Der Mist ist kein Sanktus, aber sein Segen kann auch Wunder tun!“

Georgi spät oder fruah, bringt greanö Schuah!

Am 23. April feiert der „Girgl“ oder „Schorsch“ seinen Namenstag. Das Korn soll jetzt eine Höhe haben, daß sich eine Krähe drinn verstecken kann. Lichtmeß ist zwar der Neujahrstag vom Bauernjahr, das Arbeitsjahr aber beginnt so recht mit dem Girgltag. Und auf Georgi, da muß es warm werden, ob es der Himmelvater will oder nicht, denn: *An Georgi warm, zu Pauli Bekehr nicht futterarm!*

Der Evangelist Markus steht am 25. April auf dem Kalender. *Regnet's am Sankt Markustag, kann's dauern gleich noch vierzig Tag*, so unheilverheißend lautet eine Wetterregel. Man hat unbedingt gutes

Wetter gebraucht an diesem Tag für den ersten Flurumgang: *Wir bitten um Sunn, Wind, Regn für d'Saat und daß da Himmö vor Blitz und Ungewitta bewahr.*
Am Markustag darf man keinen Ochsen einspannen, sonst wird er am Kopf „weh", hat man geglaubt. Und als einmal der Markustag gar auf einen Sonntag fiel und der Weitl-Franz hat doch eingespannt – er hat sich nämlich beeilen müssen mit dem Erdäpfelstecken, weil der ganze April „getratzt" hatte, da hat der Franz im Stillen gedacht und gehofft: Wanns nur der Pfarrer nicht sieht, mit dem Herrgott werd ich schon zurechtkommen!
In der vorletzten Aprilnacht sind die Burschen unterwegs gewesen mit Säge, Hacke und Holzfuhrwerk: eine ranke, schlanke und lange Fichte galt es zu stehlen – heute stiftet sie ein großer Holzbauer –, und die Dirndln haben sie, nachdem sie entrindet war, mit Girlanden und Kränzen und Fähnchen zum Maibaum geziert. Die Mannerleut' aber stellten ihn mit langen Scheren (zwei zusammengebundene Stangen), „Horuck" und viel Freibier in der Nacht vor dem ersten Mai auf.
Mit Hoffnung hat man auf den Wonnemonat Mai gewartet und dem April hat man kaum nachgetrauert, von dem gesagt wurde:
Der Weiber Sinn und Will ist wie 's Wetter im April!
Böse Zungen haben gar zu behaupten gewagt:
April und Weibertreu, das ist meist einerlei!

Wanns die rotn Oar gibt

Fünf Wochan vor Ostern geht's Weibergschmatz o,
fragt oanö dö ander: Legn deinö Henna scho?

Der Palmbaum

Wenn der Märzenwind die Äcker und Wiesen abgeapert hat, geht es dem Auswärts und damit dem Osterfest zu.
Ostern ist ein bewegliches Fest, und weil es auf den Sonntag nach dem ersten Frühlingsvollmond fällt, wandert es mit diesem von Ende März bis Mitte April hinein hin und her in den Jahren. So gibt es ein frühes und ein spätes Ostern. Und das ist schon von Wichtigkeit für die Buben, die zum Palmsonntag sich „Palmkatzerl“ suchen. Während diese bei zeitigem Fest kaum aufgegangen sind, können sie bei spätem schon verblüht und ausgewachsen sein. Und der Palmbaum am Palmsonntag, der die Karwoche und damit die Osterzeit einleitet, ist zu meiner Bubenzeit schon recht bedeutsam gewesen für uns. Hätte doch jeder den längsten und schönsten haben mögen!
Ein dicker Buschen ist vom Vater mit zwei geschälten Weidengerten zusammengebunden worden wie ein Besen. Segen- und Buchsbaum kommt am Sturz rund herum hinein, nach beiden Seiten schauend. Die Palmmaunzerlzweige sind natürlich von uns Buben geholt worden (ein buschiger Segenbaum wucherte an unserem Hausgartleck). Um den Buchs gingen wir zur Schneiderbauern-Nanni und bettelten sie recht schön drum. Kreppapierbandeln in allen Farben hatte schon unsere Schwester zurechtgeschnitten, und der Großvater hat von seinem „Kasten“ (Schrank) die „Palmbaum-Äpfel“ heruntergeholt. Die Tatsache, daß sie sich bis zu dieser Zeit hielten, hat ihnen zu dem Namen verholfen. – Nun noch die Palmbaumstange mit blau-weißen Farbspiralen von unten bis oben hinein gesteckt, und er ist fertig gewesen, der Palmbaum, in seiner ganzen Pracht. Und daß er der prunkvollste und schönste sein mußte, das ist damals einfach Bubenstolz gewesen. Die Stange des Palmbaumes der Ederbuben mußte der Mesner vor der Kirche kürzen, weil er sonst nicht aufrecht in unserer Pfarrkirche in Pörndorf Platz gehabt hätte.

Ob es nun bei diesem Bubenehrgeiz am Palmsonntag darum ging, dem nach Jerusalem einziehenden Heiland am besten „Hosanna“ zuwedeln zu können, oder auf dem Heimweg mit der längeren Stange den Konkurrenten die Palmbaumfrüchte, die Äpfel und Brezen, herunterzustechen, das kam wohl auf die Bubenseele an. Und daß ein Mädchen den Palmbaum getragen hätte, wäre nicht vorstellbar gewesen. So sind „überschüssige“ Buben der einen Familie bei solchen, wo keine da waren, auch zu dem ehrenvollen Amt gekommen, und natürlich auch zu den roten Eiern, die es für jeden als Entlohn für die Strapazen des Palmbaumtragens gegeben hat.

Obwohl ich als Bub mit dem Palmbaumtragen voll ausgelastet gewesen bin, erinnere ich mich doch noch gut an einen liturgischen Brauch während der Palmprozession an diesem Tag, weil er im ganzen Kirchenjahr einmalig war. Der Herr Pfarrer wurde mit den Ministranten vor das Kirchentor hinausgesperrt und mußte auf lateinisch mit dem Chor in der Kirche um die Wette singen. Erst nach einem Rumpler mit der Kreuzstange an die Kürchentür wurde diese wieder aufgesperrt zum Einzug, gleichsam in die heilige Stadt Jerusalem.

Daheim ist der Palmbaumbuschen gut versteckt worden bis zum Ostertag. Hat ihn jemand vorher gefunden, so besaß er das Anrecht auf sechs rote Eier als Finderlohn. Am Ostertag haben wir Palmzweigerl ans Kreuz im Herrgottswinkel gesteckt, einige auch unter den Dachfirst. Sie sollten das Haus vor Blitzschlag schützen.

Balst a Palmkatzerl nimmst und steckst as aufs Haus, na kimmt dir deiner Lebtag koa Feuer nöt aus! verhieß dazu ein alter Spruch.

Der Antlaßpfinsta

Am Gründonnerstag läuteten zum Frühgottesdienst beim Gloria noch einmal alle Turmglocken und Klingeln, auch die Sakristeitürglocken, hellauf, um anschließend bis zur Auferstehung Christi nach Rom zu fliegen . . . Und mittags war der Antlaßpfinsta, wie wir ihn nannten, ein wahrer Gründonnerstag bei uns zuhause; es gab nämlich zu den Dampfnudeln auch Grünzeug des Vorfrühlings, Feldsalat oder Brunnenkresse.

Zwei wichtige Vorbereitungen für Ostern standen auf dem Programm des Antlaßpfinstas. Der Vater schnitzte auf der Heinzelbank aus einem

ausgesuchten Backofenscheit den sog. Brandprügel für den Karsamstag: vorne schön vierkantig und Späne eingekerbt, daß er leicht anbrennt, hintenzu zu einem runden Griff ausgearbeitet. Die Bäuerin aber hat an diesem Tag die Eier für die Weihe zu Ostern rot gefärbt. Antlaßpfinsta-Eiern haftet besondere Kraft für Gesundheit und Gedeihen für Mensch, Tier und Pflanze an, glaubte man. Und weil um diese Zeit auf den Bauernhöfen die ersten „Singerl" (Küken) ausgeschlüpft sind, hat jedes Kind sehen und erkennen können, warum das Ei zum Osterzeichen geworden ist: So wie das Küken mit neuer Lebenskraft die Eierschale aufpickt, so ist Christus mit eigner Kraft aus dem Felsengrab auferstanden.
Den Singerln ließ man um diese teilweise noch recht kalte Jahreszeit besondere Pflege angedeihen und hielt sie an unwirtlichen Tagen in der warmen Holzkiste in der Kuchel. An sonnigen Tagen durften sie dann hinaus auf den Hof, und die Bäuerin hat sie im „Hühnerkrepi" (Hühnersteige) mit Topfen oder gehacktem, hartgekochtem Ei gefüttert.

Karfreitag und Besuch des Heiligen Grabes

Ich glaube, es ist in demselben Jahr gewesen, in dem ich nach Ostern das Schulgehen anfangen sollte. Ich war auch schon etlichemale zuvor unseren Schulweg zur Pfarrkirche zum Sonntagsgottesdienst gestapft, da durfte ich zusammen mit Schwester und Bruder mit der Mutter das erstemal zum Heiligen Grab. Ein recht sonniger Karfreitagsnachmittag ist es gewesen, und unserm Herrn soll es ja nicht ins Grab regnen, sonst gibt das ganze Jahr über keinen Regen aus! Vielleicht war deshalb trotz unseres so ernsten Vorhabens meine Mutter bei dieser rosigen Aussicht für das Wachstum des Jahres so gut gestimmt. – Mir standen Augen und Mund offen, als nach einstündigem Marsch an der Kirchentür angekommen, die Mutter diese öffnete: der ganze Kirchenraum war in Dunkelheit gehüllt, im Presbyterium leuchteten Kreuz und Bogen in allen Farben, im Rundbogen stand die verschleierte Monstranz, von brennenden Kerzen zum Funkeln gebracht, darunter befand sich die Grabkammer und darin eine lebensgroße Heilandfigur, bekränzt von Blumen. „Sein Grab wird herrlich sein!" Wer wollte da diesen Bibelspruch nicht verstehen.

Jetzt erst habe ich gesehen, nachdem meine Augen sich an die Grabesdämmerung in der Kirche gewöhnt hatten, daß knierutschende Leut' auf dem Gang des Kirchenschiffes nach vorne zum Heiligen Grab unterwegs waren. Meine Mutter wickelte sich den Rosenkranz um die rechte Hand, und wir knieten ebenfalls nieder und schlossen uns der Prozession an. Alle Vaterunser lang ging es ein Knieruckerl weiter. Kann sein, daß es auch die Länge eines Rosenkranzgesetzerl gewesen ist, ich hatte jedenfalls soviel zu schauen, daß mir die Zeit in der Kirche nicht lang geworden ist. So darf ich nicht sagen „endlich", sondern eher „zu früh" kamen wir an der Endstation des Prozessionsweges an, nämlich beim Gekreuzigten, der auf der untersten Altarstufe gelegen ist. Von allen Leuten ist das Kreuz an den Wundmalen geküßt worden, und als ich gesehen hatte, daß hier keine Ausnahme gemacht wird, habe ich meine anfängliche Scheu abgelegt und es auch getan. Nachdem meine Mutter noch ein Geldstück in eine Opferbüchse fürs Heilige Grabe geworfen hatte, sind wir in einen Kirchenstuhl hinein zur Anbetung. Und als dann die Mutter plötzlich aufgefordert hat „jetzt gehn ma!" hatte ich noch gar nicht „oabieagt" in der Kirche.
Der seelischen Erbauung ist für uns Kinder am Karfreitag damals noch eine weltliche Freude auf den Fuß gefolgt. Gleich anschließend haben wir nämlich unser Taufgöden-Paar, die alten Maier-Leute im Pfarrdorf besuchen dürfen. Dort sind für jedes von uns ein Osterlampel aus Zuckerteig und zwölf rote Eier bereitet gewesen. So ist der weite Heimmarsch gar nicht beschwerlich geworden, weil wir in den Rastpausen immer wieder zum „Gödnsach" (Patengeschenk) ins Körberl geschaut haben. Freilich der Genuß ist dem Ostertag vorbehalten gewesen, am Karfreitag, der ja Fasttag ist, hätte sich das unmöglich geschickt.

Karsamstag und Scheitlweihe

Am Karsamstag früh ist von jedem Haus eines mit dem „Brandprügel" zur Kirche gekommen, meistens die Buben. Im Friedhof hatte der Mesner schon den Holzstoß entzündet, und nachdem dann der Herr Pfarrer im Rauchmantel dem österlichen Feuer die Weihe erteilt gehabt hat und in die Sakristei zurück ist, ist für uns Buben das Rangeln und Drängen, beinah oft das Raufen, um die „Osterweich" losgegangen.

Jeder wollte halt sein Scheitl möglichst weit ins heilige Feuer halten können. Der Mesner-Anderl verhinderte Schlimmeres, indem er uns wütend zurückdrängte: „Gehts do z'ruck, sunst krieagt 's Feuer koa Luft!"

Am Georgitag sind aus dem Feuerscheit Kreuzeln geschnitten worden. Mit einem Palmbaumzweigerl versehen, haben wir diese auf die Äcker und Wiesen gesteckt und mit ihnen den österlichen Segen.

Die Auferstehungsfeier, jetzt sinnvoller in die Osternacht verlegt, hat früher am Karsamstagabend stattgefunden. Nach kurzer Anbetung am Heiligen Grab ist die Pfarrgemeinde mit dem Pfarrherrn von der Kirche hinausgezogen durch das Dorf. Bei der Rückkehr und beim Einzug in das nun schon österlich geschmückte Gotteshaus haben alle Glocken geläutet, welche von Rom zurückgekehrt waren, um der Christenheit zu verkünden: „Der Herr ist auferstanden, Alleluja!"

Ihrer Osterfreude haben nun die Burschen in der folgenden Osternacht freien Lauf gelassen. Was am Hof nicht niet- und nagelfest gewesen ist, das haben sie verzogen. So hat der Stallknecht am Ostertag in der Frühe seine „Radltragen", die Schweizerin den „Zeitlstuhl" (Melkschemel) und der Bauer sein Hoftürl suchen müssen. Dem Schlüsslöder, er ist bekannt gewesen als alter „Grantlhauer" (Grantler, grantiger Mensch), haben sie einmal eine besondere Osterfreude gemacht. In dieser Nacht haben die Burschen ihm den Mistwagen zerlegt, auf dem Stalldach oben zusammengestellt und auch noch eine Fuhre Mist aufgeschlagen. Und wer den Schaden hat, braucht für den Spott nicht zu sorgen.

Daß der Bäuerin das Morgensuppekochen am Ostertag Schwierigkeiten bereitet hat, ist auch vorgekommen, weil der Rauchfang zugestopft worden war. Dabei hat es am Ostermorgen so pressiert zur Speisenweihe!

Osterfesttage und rote Eier

Am Ostertag in der Frühe hat die Bäuerin das „Geweichte" von der Frühmesse heimgebracht, alles schön in ein Körberl gerichtet: Eier, welche man vor der Weihe angepickt hatte, damit die Weihe ja hineinkönnen hat; Brot und Selchfleisch für die Leut; Brot und Salz auch für das Vieh.

Mit roten Eiern ist die Bäuerin freigebig gewesen. So haben am Ostertag die Mannerleut' alle an diesem Tag gelegten Eier bekommen. Es soll aber vorgekommen sein, daß mancher Knecht, der bei der Arbeit in Schupfe oder Stadel ein Hühnernest entdeckt hat, schon etliche Tage vorher daraus sich einen „verstohlenen Vorrat" im Gsot oder im Heu beiseitegeschafft hat. Am Ostermontag waren die Weiberleut' dran, und der Bursche hat sich auf d'Nacht rote Eier am Kammerfenster seiner Auserwählten geholt.
Für uns Kinder aber gab es in den Ostertagen ein nahrhaftes Spiel, das „Oarpecken" (Eierpicken). Spitz auf Spitz wurde zusammengestoßen, und ist eines der Eier dabei heil geblieben, so hat sein Besitzer das „zerpeckte" gekriegt. Der Schneiderbauern-Wig, er ist nicht auf das Hirn gefallen gewesen, hat zum Eierpecken einmal ein eingefärbtes „Böi-oar" (Lockei fürs Hühnernest) hergenommen. Als aber seine „Unschlagbarkeit" zu lange anhielt, hat der Bräu-Wig ihm das Ei aus der Hand gerissen und auf die Erde gefeuert. Da ist der Schwindel aufgekommen.
Die Ministrantenbuben besaßen zu Ostern besonders reiche „Rot-Oar-Schätze". Während der Zeit, in der die Glocken schwiegen, sind sie mit Handratschen und Kirm von Haus zu Haus gezogen und haben sich den österlichen Lohn für Kirchendienste das Jahr über in der ganzen Pfarrei geholt. Wäre da wirklich eine Bäuerin geizig gewesen, die hätten ihr schon etwas „vorgeratscht"!
So ist Ostern, das Hochfest im Kirchenjahr, von reichem Brauchtum umrankt gewesen. Der bäuerliche Christenmensch aber hat sich gefreut, daß der Winter überstanden gewesen ist und daß er in der Osterbeichte wieder alles recht gemacht hatte mit seinem Herrgott.

Dort drunten auf Laub und Straßen

3. „Johannes, liabster Dianer,
hast du niamals gesehen mein' Sohn?
Hast du niamals gesehen mein' Jesus,
mein' herzallerliabisten Sohn?"

4. „Ich hab ihn schon gesehen,
dort drunt bei dem jüdischen Haus.
Dort geht er alle Morgen
ganz bluatig herein und heraus."

Sammlung Wastl Fanderl

Mai, juchhei!

Wenn der Maibaum seinen bandlgezierten Buschen über die Dächer des Dorfes hinausgestreckt hat – die Burschen mußten ihn die ersten Nächte bewachen, damit er ihnen nicht gestohlen wurde –, ja wenn der Maibaum auf dem Dorfplatz vor dem Wirtshaus stand, dann ist in Passau drunten die Maidult angegangen:

Also Leutln, richts enk zamm,
tean ma was ma ausgmacht habn,
roasts in d'Maidult heunt mit mir,
zünftig hamma und dös wia!
. . .
Habn kannst ois, wia: Stallaterna,
Strouhüat, Bleistöft, Pfeffakerna,
Zeidlzöchter, Schuah und Zwicka,
so ebbs zum Porzllan-Gschirr-Picka,
Schokolad und Hemadzeug,
Sackuhrn, Sengstn, Spiaglzweig,
Luftballona, Gschichtnbüachl,
Roßfleisch, Schaufön, Taschntüachl,
Leberkaas und Haarpomad,
Schuahwichsbürstn, Marmelad,
Guats und Leckerl, Gschirr und Fadn
ois is da heraußt zum Habn!
(Max Peinkofer)

Am 4. Mai betete man zum Floriani: „Heiliger Sankt Florian, verschon' mein Haus, zünd' andere an!" Zwischen Marklkofen und Reisbach stand früher einmal auf einem Haus folgende Inschrift: „Dies Haus stand einst in Gottes Hand und dennoch ist es abgebrannt. Ich hab' es wieder aufgebaut und dem Sankt Florian anvertraut. Das Haus steht nun in Florians Hand, brennt's wieder ab, ist's ihm zur Schand!"

An arma Handwerksbursch tat bittn!

Die warme Maisonne hat nicht nur die Baumblüten aus den Knospen, die Impen aus dem Stock und die Ameisen aus ihren Löchern gelockt.

Auch die ziehenden Leute haben sich wieder auf die trockenen Wege gemacht. Bei den abgelegensten Gehöften klopfte es an die Tür: „An arma Handwerksbursch tat bitten!“ Der „betad Sepp“ rieb sich meistens bei uns daheim zum Mittagsessen hin. Er verhausierte seine Gewürztütchen und überreichte der Mutter für das Essensüberbleibsel ein handgeschriebenes Gebet gegen eine Viechkrankheit.
Ich denke zurück an eine Zeit in meiner Kindheit, da hat das Handwerksburschen- und Bettlerunwesen arg überhand genommen. Besonders die Menschen in Einöden und abgelegenen Höfen fürchteten sich vor Einbrüchen oder gar nächtlichen Überfällen. Auch bei uns daheim ließ so ein landfahrender Gesell, nachdem er an der Stubentür seinen „Zwoaring“ (Zweipfennigstück) empfangen hatte, aus der Flöz ein Paar nagelneue Arbeitsschuhe meines Vaters mitgehen. Mein Großvater hatte hinter seinem Gewandkasten zwei alte Vorderladerflinten stehen. Diese lud er daraufhin mit Pulver und Blei. Ein Hausgewehr stand von nun an in seiner Austragsstube, das andere in der elterlichen Schlafkammer für den Vater griffbereit. Und über dem Bett vom Großvater hing außerdem das Terzerol – das eigentlich nur zum Christkindlanschießen gebraucht wurde – jetzt ebenfalls stets schußbereit.
Pfannen-, Parasolflicker und „Kerbizäuner“ (Korbflechter) fragten um Arbeit nach. Der Scherenschleifer aus Vilshofen mit seinem stattlichen Vollbart probierte die von ihm gemachte „Schneid“ an diesem aus. Der Wetzsteinhans und Sensenhausierer aus der Steiermark zogen von Hof zu Hof, und der Thanndorfer-Kramer machte bei den Bäuerinnen seine Geschäfte mit „Hemadzeug“, „Fürtabandl“, „Sterndlzwirm“, „Lauskammpin“, „Haarpomad“ und anderem „Graffelzeug“. Nach Abschluß der Handelschaft setzte er sich aufs Kanapee, nahm sich ein „Schnüpfi“ (Prise) aus der Dose und sagte seinen Leibspruch auf: „Wer nicht schnupft und wer nicht raucht und hin und do sein Weiberl braucht, dös is a Depp solang er lebt!“
Hielt ein Wagerl mit einem Schimmel vorn dran vor dem Hoftor, so war es bestimmt der Wagenschmierfahrer. Der Seppenpeter-Michl hat ein Schachterl Stieflwichs und zwei Flascherl „Bremäöl“ (Bremsenöl) gebraucht. Am Auffahrtstag (Himmelfahrt) werden ja in Frontenhausen die Bremsen ausgelassen, so hieß es im Volksmund. – Er ließ sich selbstverständlich auch den Wagenschmierhafen füllen, denn nur wer gut schmiert, der gut fährt!

Der alte Seppenpetervater sagte einmal zum Stallknecht: „Girgl, trag mir dennerscht 's Rauchfangkehrer-Loaterl zum Weichslbaam hintrö, der unterm Kammerfenster von der Dirn, der Hundsrucker-Babet, steht". Der Girgl, der sich keinen Reim auf diesen Auftrag machen konnte, da die Weichsel ja noch lange nicht zeitig waren, der aber das Alter ehrte, führte ihn gleich aus. Wie aber der Stafflmoar-Wig in der Nacht über denselben Baum zum Fensterl hinaufklimmt, zieht die heimgesuchte Babet die Nase hinauf und flüstert: „Ja Wig, du stinkst ja so nach Wagenschmier, habt ihr leicht den ganzen Tag heut Wägen g'schmiert?"

Bittwoche

Maisonne und dazwischen warmer Mairegen ließen nicht bloß die Haare wachsen, wie man spaßhaft meinte, sondern auch die Saaten und Feldfrüchte. Die Himmelfahrtstag-Woche war Bittwoche: Montag, Dienstag und Mittwoch wurde „mit dem Kreuz gegangen". Der lange Prozessionswurm – war es doch Ehrensache, daß von jedem Haus eins mitging – zog betend auf Straßen und über taunasse Feldwege entweder zur Filialkirche oder in ein Nachbarpfarrdorf. Ist dann ein Gegenzug gekommen, hat die Lautstärke des Betens „daß du uns die Früchte der Erde geben und erhalten, . . . daß du uns vor Blitz und Ungewitter bewahren wollest . . ." zugenommen, man wollte doch die andern „obibeten". Auch beim Einzug ins Nachbardorf, bei dem alle Glocken läuteten, versuchten wir Buben deren Klang zu überschreien. Der anschließende Bittgottesdienst in der fremden Kirche ist uns nicht langweilig geworden, weil es viel Neues, fremde Heilige auf ihren Postamenteln und bunte Glasfenster zu sehen gab. Alle freuten sich aber auch auf die reschen Brezen, Knackwürste und Kracherl – für die Großen gab es natürlich Bier – bei der Rastpause danach bis zum Aufbruch in die Gegenrichtung.
Am Schauerfreitag (Tag nach dem Fest Christi Himmelfahrt) wurde mit dem Sanktissimum, Himmel und fliegenden Fahnen um die gesamte Flur der Pfarrei gezogen. Von da ab ist nun jeden Sonntag vor dem Gottesdienst der Schauerrosenkranz und nachher der Wettersegen gebetet worden. Der Mensch muß arbeiten, Gott wird segnen, so glaubte man zu dieser Zeit noch.

Jeden Tag im Maienmonat wurden in Kirchen und Kapellen die Maiandachten abgehalten vor dem mit Flieder oder Pfingstrosen geschmückten Muttergottesbild. Verstanden wir Kinder auch damals noch nicht so manche Lobpreisungen der lauretanischen Litanei wie: „Du starker Turm Davids, Du elfenbeinerner Turm", das „Bitt für uns" beteten wir lautstark nach. Nur der Hinterweber-Feri, „a weng a kalter Brocken", hielt nicht viel auf Maiandachten, weil er behauptete: „Maiandacht haben wir zuhause 's ganze Jahr über, i halt mein Mäu und meine Altö d' Andacht!"

Beginn der Volksfestzeit

Die Maidult in Passau unten, die wir nur vom Hörensagen kannten, hat – wie gesagt – den niederbayerischen Volksfestreigen eröffnet. Am Auffahrtstag, dem Fest Christi Himmelfahrt – meistens Ende Mai –, ist der große Warenmarkt in Aidenbach abgehalten worden. Da zog es auch die Leute unserer Gegend hin. Zu haben war alles dort. Und weil die Zeit der Firmung herbeikam, brauchte mancher eine Uhr und das „Firmsach" (Schatulle mit Rosenkranz und Meßbuch drin) für den Firmling. Und der Goldschmied dort bot reiche Auswahl an.
So an die eineinhalb Stunden brauchte man mit dem Gäuwagl von daheim bis nach Aidenbach. Zuerst ging es über den Haidenburger Schloßberg hinan und dann durch das finstere Schöbach-Holz „getal", bis die Marktkirche mit gotischem Satteldach in Sicht kam.
Gleich hinter der Waldgrenze liegt der Schöbauer, ein ansehnlicher niederbayerischer Vierseithof. Auf der Heimfahrt ließ dort mein Vater unseren Rappen langsam gehen und er erzählte mir, daß von hier aus die Aidenbacher Bauernschlacht am Erharditag 1706 mit dem Vordringen der Österreicher begonnen hat, die beim Resch in Dobl das grausige Ende mit 4000 gefallenen Bauern nahm. – Fast eine geschlagene Stunde braucht man zu Fuß von hier aus sanft bergauf bis zum Schloß Haidenburg, immerzu durch dichten Wald. Und kaum jemand ist zur selbigen Zeit diesen Weg gern allein gewandert, noch gar zu nächtlichen Zeit, gibt es doch dort recht furchterregende Stationen. Der Vater zeigte mir den Taferlbaum, auf dem zu lesen steht: „Hier wurde Lina Hupfloher von ruchlosen Räubern umgebracht"; die Hubertuskapelle und das Schullehrerkreuz, bei dem einst ein mißrate-

ner Sohn seinen Vater hinterrücks mit dem Messer ermordet und beraubt hat.
Ein Bauer aus Unterlaimbach jedenfalls hatte Glück, als er eines Abends durch das Schöbacher Holz von der Schranne von Aidenbach heimzufuhr und ein Weiberleut, das er einholte, ums Aufsitzendürfen bettelte. Beim Aufsteigen auf den hohen Bruckwagen bemerkte er große Männerstiefel unter dem Kittel des Weibes. Er gab dem verkappten Wegelagerer einen Stoß und den Rossen die Geißel, und im Trapp ging es Haidenburg zu.
Heute ist das Sträßel geteert, und bestimmt wandert es sich kühl und angenehm im Schatten der mächtigen Fichten und Laubbäume.
Beinahe jede Woche rüstete ab jetzt in Altbayern ein Markt oder eine Stadt für das Volksfest. Alle drei Jahre ist früher jeder Markt drangekommen. Im Volksfestjahr sind alle Häuser am Marktplatz frisch gefärbt worden, neue Gewänder hat es gegeben, und den Dirndln ist ein Bubikopf geschnitten worden. Zu Fuß, mit Fahrradeln und aufm Gäuwagel sind die Gäste aus nah und fern herbeigeströmt, und man konnte ohne Gefahr das Festbier richtig probieren. Und der Auszug zur selben Zeit! Die schweren Bräurösser, die Hufe gewichst, die Schwänze geflochten, geputzt und gebürstelt, daß ihre breiten Ärsche gerade so geglänzt haben. Und erst die Geschirre und die Gehänge mit den Silberschnallen! Man kann verstehen, daß der Posthalter zu Karpfham die Behauptung aufgestellt hat: „A Roos ist dös Schönste auf da Welt!“ – Voran zog die Musikkapelle, zwanzig g'standne Manner, Wadel wie die Bummalstallsäulen, Bäuche wie die Bierbanzen, rot angelaufene Schädel, wenn sie hineingeblasen haben in ihre goldglänzenden Instrumente.
Kommt man heute in eine Bierhalle und schaut auf das Musikerpodium, so sieht man nichts als lauter „Anlage“, Lautsprecherkästen und elektrische Apparate. Damals haben die Musikanten mit ihrer Lunge die Lautstärke für das ganze Bierzelt herbringen müssen. Da ist allerhand Bier „durchigsäuferlt“ worden durch Trompeten und Klarinetten, bis Mitternacht hin.
Auf den Wiesen hat der Bursche den Lukas geschlagen, an der Schießbude einen Strauß Rosen herausgeschossen für die Seinige, und ihr nachher ein Zuckerherz gekauft und umgehängt. Und die Kleinen flogen im Kettenprater durch die Luft oder ritten auf den Pferden des Karussells.

Am Ofatisch beim Untern Wirt

Am Ofatisch bein Untern Wirt,
da hands beiananda g'sessn,
hammand trunga und dischkriert
und 'sHoamgehn oft vagessn!

Der Ofen in der Wirtsstube, aus grünglasierten Kacheln aufgeschlettet, mit seinen zwei Durchsichten, und der breite Tisch daneben, das ist ein wichtiger Platz im Winter, wenns draußen wachelt.
Hat sich der Altbayer hellauf gefreut, weil z. B. die Kälberkuh ein schweres Stierkalb gekriegt hat oder die Stute einen strammen „Heißn", oder etwa gar, weil seine Frau ihm einen pumperlgesunden Stammhalter in die Wiege gelegt hat, so daß er am liebsten geschrien hätte: „Sanktus, klinsel, Bua klinsel!" oder hat er sich mentisch gegiftet, weil vielleicht eine Handelschaft nicht nach seinem Willen hinausging – immer war es Grund genug, daß er zum Wirt hat müssen. Auch die Nachrichten darüber, was in der näheren Umgegend oder in der weiten Welt draußen passiert ist, hat man sich dort geholt.
Beim Untern Wirt sitzen sie heute beieinander, und der Name sagt schon, daß es auch einen Obern gibt im Dorf, in der Hofmark vielleicht gar einen Obern, den Mitter- und einen Untern Wirt. Im Markt kommt noch das Bräustüberl dazu, und weil Wirtshaus und Kirche zusammengehören wie Leib und Seele, auch der Kirchenwirt. Ja, die Kirche, bei der sie mit den Maßkrügen zusammenläuten, die zieht besonders an! Und weil man es sich mit keinem Wirt verderben möchte, drum muß man etlichemale in der Woche fortgehen. Auch die Kindlmahle, die Hochzeiten und die Kremessen werden gleichmäßig auf die Wirte verteilt.
Der Seppenpetervater ist zufrieden mit den drei Wirten im Dorf: An seinem Ausgangstag trinkt er bei jedem zwei Maß Bier, da kriegt er eine schöne Bettschwere zusammen. Und auch die Wirte vertragen sich gegenseitig und kommen zu den jeweiligen Schafkopfrennen. Nicht überall ist das so, mancherorts dulden sie sich nur, und es kommt auch vor, daß sie vor lauter Konkurrenzneid wie die Raufgikkerl (Raufhähne) zueinander sind.

Unsere Stammtischler sitzen heute schön friedlich auf der Ofenbank. Die auf einer Bank sitzen, die gehören zusammen, sie können zusammenrücken, so eng sie mögen. Kommt wirklich einer, der nicht dazupaßt, so kann man ihn „as Ort“ (ans Bankende) hinausdrücken bis er geht oder von der Bank hinunterfällt. Und die Männer halten sich an den Spruch an der Wand: Gott fürchten macht selig, Bier trinken macht fröhlich, drum fürcht’ Gott und trink Bier, dann bist du fröhlich und selig allhier!

Der Wirt

A Stubn voller Leut’ is an Wirt sei Freud’!

„Wann ebba bei mir vorbeigeht“, sagt der Unterwirt, „nachert bin i scho fuchsteufelswild, einkehrn söi a jeda, zecht er ebbs oder nix!“
Und der Obere Wirt hat seinen Hausl beauftragt, wie es einmal recht „loab“ (langsam, nichts los) zugegangen ist in seiner Stuben: „Geh, wirf dennert no a netla außi, daß dös Gschäft rühriger ausschaut!“
Da Bräu z’Heilmfurth hat seinen Gast, der eine halbe Bier verlangt hat, aufgefordert: „Wartst, bist a ganze Maß magst!“ Und nach der fünften hat er gegrantelt: „Du bist es heut a nöt wert, daß du da bist, knockst (hockst) mir mehra von da Benk oba, öis was dei Zech wert is!“ Ja mei, der Durscht soll halt zum Wirt treiben! Und als der Doktor den Schwarzmeier gefragt hat, ob er etwa unter Durst leide, ist seine Antwort gewesen: „Na, na, Herr Dokta, übern Durscht han i mi no allaweil g’freut!“
„Wer über achtzig Jahr lang Bier trinkt, der stirbt garantiert nicht als Junger!“ hat der Kirchenwirt philosophiert.
Damit es ordentlich und sittlich zugeht in der Wirtsstuben, hat so mancher Wirt seine zehn Gebote aufgestellt:

1. Du sollst nur bei mir einkehren und nicht andere Wirtshäuser besuchen!
2. Du sollst mich nur rufen, wann du ein Bier magst und zum Zahlen!
3. Du sollst täglich zu mir kommen!
4. Halte mein Lokal in Ehren, damit es dir wohlergehe in meinem Hause!

5. Du sollst kein Glasel und keinen Maßkrug zerbrechen!
6. Du sollst meine Wirtin achten und der Kellnerin nicht zu nahe treten!
7. Du sollst nichts mitnehmen, was mir gehört!
8. Du sollst kein falsches Geld hergeben!
9. Du sollst nicht begehren deines Tischgenossen Speis und Trank!
10. Du sollst nicht mit der Zeche durchgehen!

(Nach Josef Schlicht)

Ein richtiger Wirt muß einen unverwüstlichen Humor und für jeden Gast zu jeder Stund einen Gspaß parat haben. Übertreibt er gar zu stark, so lacht ihn der Gast aus: „Recht hast Wirt, es is nix Kloans, wann der Ochs in der Wieagn liegt und hat an Ditzl im Maul!"
Der Wirt sorgt und kümmert sich um das frische Bier, und wenn einmal ein Gast von einem „müden Bier" (Bier ohne Schaum) daherschmatzt, gibt er gleich heraus: „Stell du dich amal an ganzn Tag aufn Tisch aufi!" Die Wirtin aber schaut auf einen appetitlichen Brotlzeug (Brotzeit), und wenn ein Gast meint, er hätte schon besseren gegessen, beißt sie zurück: „Aber nicht bei mir!" Und zum Wirt grantelt sie zur Schenke hinter: „Und du sauf nur fest, vo jeder Maß ham mir ja a Fuchzigerl!"

's Bier

A frischö Maß Bier hat an Foam, an weißn,
und heut geh' i nöt hoam, bis mi außischmeißn!

„Dös Bier, dös Bier, dös is a Übö!" hat der Hoanermann am nächsten Tag gejammert, wie die Ofentischrunde bis in die Frühe hinaus gedauert hat.
„Und wie 'sBier, so der Wirt, da kannst macha die Prob:
Is schlecht, is er freundli, is guat, is er grob!"
Haufenweise gab es früher Hausbrauereien. Und das ist zum Verstehen, wenn man bedenkt, daß man nur in der kühlen Zeit Bier sieden konnte, welches im Eiskeller gelagert worden ist. Damit es lang hielt, ist es im Auswärts besonders stark eingesotten worden, und so ent-

DER WIRT VO STOA

Zwiefacher – Volksweise

Text und Fassung: J. Eberwein

Schwiarza = Schmuggler.

Aus: Josef Eberwein: Lieder und Zwiefache. Das Holledauer Liederbuch. 1972

stand das Märzenbier (auch Märzenbock). Im Spätherbst schenkte man dann das „letzte alte Bier“ aus. –
Vor dem Ausschank hat eine Magistratskommission das Bier nach Aussehen, Geruch und Geschmack begutachtet und den Preis festgelegt. Ist aber ein Bier sogar für den „Sautrank“ zu schlecht befunden worden, so hat man dem Fassel den Boden eingeschlagen (daher das Sprichwort: „Das schlägt dem Faß den Boden aus!“). Beim Malzgehalt hat so mancher Bierbeschauer angeblich ein ganz eigenes Testverfahren angewendet: Er hat ein Tröpferl Gerstensaft auf die Fürbank geschüttet und sich mit seiner Lederhosen daraufgesetzt. Ist nach einer halben Stunde etwa die Bank mit ihm aufgestanden, so ist das Getränk in Ordnung befunden worden.
Wer würde nicht auch noch gerne zurückdenken an die Bierfuhrwerke mit den strammen Bräurossen in den silberschnalligen Geschirren, an die Banzen und silberreifigen Fasseln und den lederbeschurzten Bierfahrer!
Heute gibt es zwar weniger Brauereien, aber vielerlei Sorten von Bier: Das Vollbier, Export, Pils, den Scheps, man kann helles, dunkles und ein weißes trinken. Dann erst gar die „Atoren“, wie Bajuwator, Fortunator und Suffiator und die Böcke und Doppelböcke! „Wer muaß stärka sei“, hat der Obermeier den Bräu gefragt, „da Bock, oder der'n trinkt?“ Der Bräu darauf „U mei, da geht's nöt um d' Stärk, sundern um dö Freud am Genuß!“
Freilich, das allerbeste ist das Freibier. „Wann i no grad hi waar!“ hat der Freihäupin-Ochserer lamentiert, als er am Tag darauf vernommen hat, daß der Bräu der Feuerwehr ein Faßl Freibier gestiftet hatte. Böse Zungen haben behauptet, manche Wirte täten dem Sankt Florian mit der Wassergelten besonders fleißig verehren. Etwa weil er ihnen das Bier spritzen hilft? –

Dös erste is a Bier vom Kern,
dös trinkan d'Herrn und d' Frauan gern.
Dös zwoatö is a Mittlbier,
trinkst drei Maß, so pißelst vier.
Und 's drittö is a Plempö,
der dö Bauern d' Hosen sprengt: Andern zum Exempö!

(Josef Schlicht)

Und jetzt, ihr Leut, werden wir uns zu den Stammtischlern am Ofentisch setzen und ein bißl „zualuusn“ (zuhören, lauschen):
Der Hochwürden trinkt seine Maß und klopft einen Schafkopf mit, grad Schelterer (Fluchwort) darf ihm dabei keiner auskommen. „Spüin is koa Kunst“, sagt er, „aber dös Aufhörn!“ Und als ein Gast – er ist schon den ganzen Nachmittag beim Wirt und hat etwas zu tief in den Maßkrug geschaut – unter den Tisch hineinrutscht, kommentiert der Herr Pfarrer: „Siehgst, wenigstens oaner, der woaß, wann er aufhörn muaß! Ja die Sauferei is scho a Laster und in da Höll untn, da werd's koa Bier mehr gebm!“ „Aba a schöns Laster, und wei's beim Sparifankerl (Teufel) drunt' koa Bier mehr gibt, drum müaß ma da herobm no gnua trinka!“ so gibt da Hüttnmann auf die hochwürdige Belehrung heraus.
Wie der Altbayer „seinen Herrn“ (Pfarrer) haben möchte im Wirtshaus, das kann man aus dem Urteil heraushören, das der Reitbauer über „eahnan Koparata“ abgibt: „Aushöitn lang, trinka stark, koan Gspoaß vaderm, geht wieder hoam a, a rarer Herr!“
Der Herr Doktor hat seine Patienten aufgesucht und kommt zum Dämmerschoppen an den Ofentisch. Er macht den ersten Zug und stellt fest: „Frisch und guat is 's Bier, aba da Alkohol vakürzt dös Lebm!“ „Ja, dös stimmt, Herr Dokta“, sagt der Falterbauer drauf, „im Wirtshaus, da vergeht die Zeit immer zun schnellan (am schnellsten)!“ „Du, Falterbauer, du derfatst scho hi und da mehra Maß höitn und weniga an Maßkruag“, wird der vom Doktor gemahnt, „a Schluck Brunnwassa waar oft g'sünder!“
Dazu rückt der Schüilöder jetzt mit einem passenden Spücherl heraus: „Wasser ist zu jeder Zeit die beste aller Gottesgaben, mich aber lehrt Bescheidenheit, man muß nicht stets vom Besten haben!“ So hat er es im Bräustüberl zu Heilmfurth gelesen.
Der Pfarrherr, der streng sein Quantum einhält, richtet sich nun zum Aufbruch. Der Hüttnmann hebt sich von der Bank ab und fragt: „Möchtn sie ebba scho gehn, Herr Pfarra?“ Gerade hat er nämlich gemerkt, daß er auf dem Hut des Pfarrers sitzt. Das kann ihm selbst nie passieren, weil er den seinen stets im Wirtshaus aufbehält. –
Jetzt wird die Stubentür aufgerissen, und der Bürgermeister kommt mit krebsrotem Kopf herein, direkt von der Ausschußsitzung her. Er

setzt sich zum Bäcker hin und bestellt eine Maß. Der fängt als guter Gewerbesteuerzahler an zu sticheln und zu kritisieren über die Defizitwirtschaft in der Gemeinde. „Was", begehrt da das Gemeindeoberhaupt auf, „was ham mir, an Defizit, – an Dreck, draufzahln tuan ma höit hi und do! Aba wannst as du, Bäck, bessa vastehst, nachat machst du an Burgamoasta!" Der Wirt grantelt auch an den Gemeindechef hin, daß sein Geschäft nicht rar, die Steuern aber um so höher wären. „Schenk mehra ei, nachat schenkst mehra aus!" gibt ihm dieser zurück.
Als neuer Gast kommt der Schulmeister (zur selben Zeit auch noch Mesner, Organist und Gemeindeschreiber) zum Stammtisch. Er erzählt vom Leben in der Schulstube: „Ja mei", sagt er, „nix kapiern, aber zum Studiern möchtn s' furt, zu meiner Zeit hat no nöt jeder Tölpi studiert, i bin da oanzige gwen im ganzen Dorf! Der Ärger in da Schui mit dö vüin Hackstöck drin, – aba Stöck, dö ma nöt dahebm kann, muaß ma liegn lassen. Und da Moosweber-Wiggal, was hat er neuli g'sagt, wia a dös Diktat mit 37 Fehler z'ruckkriagt hat: ‚Gell, Herr Lehrer, da schaugst, daß i mehra Fehla öis Wörter han!'"
„Ja, a Rausch vageht wieder", hat sich der Hanichel getröstet, „aber 's Dummsei, dös bleibt oam!"
„Wannst du dein Kopf aufsetzt, nachert sitz' i mein Huat auf und geh' ins Wirtshaus", hat der Förster zu seiner Ehehälfte gesagt und so ist er jetzt auch Gast am Ofentisch, qualmt aus seiner langen Pfeife und spinnt ein wenig Jägerlatein. „Hast du an neuchn (neuen) Hund, Förster?" fragt der Steinbeißer-Fons. Das ist dem Gefragten sein Thema. „Mei, der Hund hat a Dressur", schwärmt er, „der föigt (folgt) ma aufs Wort, wann i zu dem sag' Platz . . .", „göi nachat z'reißts'n", grinst der Fons drauf.
Der Herr Apotheker sitzt in der Ofenbankecke. Er kennt seine Bauern, die, spüren sie wirklich einmal einen Wehdam (Schmerz), lieber zum Kurpfuscher rennen als zum Doktor oder zu ihm in die Apotheke. Der „eisana Gsund" vom Altbayern ist fast sprichwörtlich gewesen. Vierzehn Tage lang gleich ist so ein Schrannenbauer nicht von seiner Lederhosen heraus und in sein Bett hineingekommen, so schreibt J. Schlicht. Er ist am Bräutisch gesessen, hat getrunken und geschlafen und getrunken und wieder geschlafen. Und ist er dann doch einmal heimzu gewackelt, so hat es passieren können, daß er in einen Graben hineingekollert ist. Da ist er auch noch ein Zeitl gelegen im

Sturm und Regen, es hat „obaschneepoasslt“ (heruntergegraupelt) auf ihn und er ist doch neunzig Jahre alt geworden. Und ist ihm keiner über seinen Leumund gekommen, so hat er im Alter noch getaugt als Fußwaschapostel am Gründonnerstag in den Dom hinein.
Aber nicht nur die Mannerleut', auch die Weiber haben einen kernhaften „Gsund“ gehabt, so daß ein Sprichwort behaupten konnte: *An eisana Herrgott, a stoanana Sautrog und an öits Weib hand an ewigs Werk!*
Der Hüttner-Wastl, seines Zeichens Feuerwehrkommandant, kommt herein und verlangt ein Krügel Bier. Der Wirt schenkt in sein Jubiläumskrügel ein mit der Aufschrift „Gott zur Ehr, dem Nächsten zur Wehr!“ Der Wast berichtet von der letzten Brandstatt und meint: „Recht hat er g'habt der Reichenöder, daß eahm sei altö Hiaba (Hütte) abbrunna is! – Obs wöi heut Nacht wieda zum Ausrucka werd? Wem werd's denn am bessern Nout tun, dös Abbrinna?“
Das Abbrennen hat zur selben Zeit manchmal gegen die Hypotheken auf dem Hof geholfen.
Der Ökonom, ob Groß-, Mittelbauer oder Häusler, er hat selten an der Tischrunde beim Wirt gefehlt. An den Feiertagen ist er nach dem Pfarrgottesdienst zum Frühschoppen und nach der Nachmittagsandacht zum Kartenspielen, zum Watten, Zwicken oder Sabeln gegangen. Der Häuslmann ist aber von der Frühe bis auf die Nacht sitzen geblieben, weil er sich, wie er behauptete, das gleich-zweimal-am-Tag-ins-Wirtshausgehen nicht hat leisten können. „Mei“, jammert er, „dös Göid wann i hätt', dös wo i scho vasuffa han, Bua, da kunnt' i saufa! Und obi schmeckts allewei besser wia herauf? Aba a Ochs, der vüi sauft“, so tröstet er sich, „der frißt wenigstens nöt sovüi!“
Es ist gewiß übertrieben, daß mancher Altbayer einen solchen Durst gehabt haben soll, daß er sich gleich beim Wirt ein Fasserl Bier auf den Tisch und einen Eimer drunter hat stellen lassen. Nein, er hat gemütlich seine Maßerl genossen, dabei „dischkeriert“ und sich informiert. – Der Hanslöder hat heute schon sein Quantum beieinander. Der Hut ist ihm ins Hirn hereingerutscht, und sein Krug ist schon wieder leer. „Mogst no a Maß?“ fragt ihn die Kellnerin. Der Hanslöder blinzelt unter seiner Hutkrempe hervor und meint: „Du und eine Halbe wären mir lieber!“
Draußen fängt es zu nächteln an, der Wirt „kendt“ (ankendn = anzünden) die Petroleumlampen an, und vom Kirchtum herunter hört

man es Gebet läuten. „Der Engel des Herrn ...“ fängt die Wirtin an, und die Stammtischler ziehen Hüte oder Zipfelhauben herab und recken die Hände auf zum Beten. Am Fenstertisch aber sitzen ein paar Auswärtige, die nicht mittun und weiterratschen. Beim zweiten Gsätzerl kocht das Christenblut und zornige Blicke treffen die Frevler, beim dritten aber donnert der Wirt heraus: „Malefizbandö, a Ruah is, und kinnts ös vielleicht mitbetn, glei wirf i enk außi, daß durch 99 Landgrichta flöigst ... gegrüßet seist du Maria ...“ Das hat gewirkt, und am Tisch beim Fenster ist es mäuschenstill. – Nach dem „Amen“ wünscht man sich „guten Abend“ und setzt den Hut wieder auf.
Ja, so ein Samthut damals, das war beinahe ein Heiligtum. Er hat hergehalten von der Hochzeit, alle Sonn- und Feiertage bis zum Sterben hin und ist oftmals noch weitervererbt worden. Selten ist er vom Haupt gezogen worden: wenn man dem Herrn Pfarrer begegnet ist oder am Feldkreuz vorbeikam, beim Gebetläuten und vor dem Bettgehen. Und der Schreiner-Toni, „Parasol“ (Regenschirm) hat er keines besessen, und weil es ganz schön geregnet hat, so hat er einfach den Werktagshut auf den Samthut draufgestülpt und ist so „doppelt behütet“ zum Wirt marschiert.

Stürmisch werds!

„Jetzt bist vorgestern gestern hoamkemma und gestern heut', jetzt wannst heut' erst morgn daherziagst, nachat kannst ebbs dalebm!“ droht die Franzenbäuerin, wie sich der Franzenbauer ins Wirtshaus aufmacht. Und wie er schon außer Hörweite ist, brummt er: „D'Weiberleut' muaß ma schmatzn lassen und 's Wassa rinna, 's Bier aba trinka! Komisch is ja, dahoam bin gar nöt recht dahoam, im Wirtshaus aba, da bin i dahoam!“
Der Schustermann sitzt schon seit dem Vormittag am Ofentisch. Wie es „grawla“ wird draußen, kommt der Wirt zu ihm hingerannt und macht ihn aufmerksam: „Stürmisch werd's, Schustermo!“
„Awö stürmisch, wo d'Sunn heut' an ganzn Tag g'scheint hat?“
„'s Schusterweib kimmt aufs Wirtshaus zua!“
Der Bedrohte schaut zum Herrgottswinkel auf und klagt: „Vüi hast ausghöitn, mei unsa lieaba Herr, Bluat gschwitzt, geißlt hams di, a Dornenkron aufgsetzt und ans Kreuz angnaglt, – aba schau, vaheirat

bist höit dennat nöt gwen, 's Ehemannskreuz is da daspart bliebm! Krempalernd, Manna han i a Gfeitö!" Ja die Liab is halt vagänglich, grad der Durscht bleibt lebenslänglich!
Und wie das Schusterweib zur Tür hereinschaut, hat der Schustermann schon den Hacklstecken bei der Hand und sagt ganz treuherzig: „Guat, daßt scho da bist Weibi, bin eh grad beim Gehn!"
Ja, am Wirtshaustisch, da haben manche Männer aufgetrumpft: „Ha, mei Maßkruag, dös is mei Bäuerin!" „Mei Öitö", „mei Hauskorperal", „mei Fegfeuer", so hat man die Ehehälfte „gnamölt", aber daheim hat doch mancher unter den Tisch hinein müssen!
„Ja mei, Herr Pfarrer", hat der Post-Jackel gesagt, „wann nach da Hochzeit dö Liab öiwei aso zuanahm, wia's obnimmt, dös war a nix, da fraß ja oans dös anda auf!"

Kimm i hoam mit am Rausch . . .

Kimm i hoam mit am Rausch – nix z'redn brauch i
öis ‚Grüaß di Gott Weibal', öis ander sagt sie!

Die bayerische Rauschtafel kennt vom „Spitzel" über „Dusel", „Brand", „Suff" und Bauernrausch bis zum Saurausch 26 Rangstufen.
„Na, mit so am Rausch, da geht's oan scho so z'wieda", grantelt der Fons, „heunt hast'n, morgn graust da droa und übermorgn, da hast'n wieder." Der Hanichlbauer sitzt bei der fünften Maß Bock beim Untern Wirt. Es ist bekannt, die Wirkung vom Bier ist recht unterschiedlich: den einen macht es schläfrig, der zweite singt, ein dritter erzählt dir zehnmal das Gleiche, ein anderer wird lästig und zum Raufen aufgelegt. Der Hanichl aber ist recht gesprächig: „Ja, i muaß eh wieder büassn heut', nöt daß i an Rausch kriagat, an Rausch kenn i eigentli nöt, grad werfa tuat a mi gern da Bock. Jetzt da herin, da scheuch (fürchten) i' 'n nöt, aber böi i außikimm in d'Luft" – „und wannst hoamkimmst zu deiner Öitn", zahnt der Hüttenmann.
Ja wirklich, der Hanichl hat ein Weib zuhause, die ist so zuwider, daß sie sich selber nicht mag. Ein Mundwerk hat sie wie ein Sägegatter und „schiach" (häßlich) ist sie auch noch. Bei Nacht, wenn jemand sie stehlen würde, gleich ums Tagwerden würde er sie zurückbringen, so charakterisiert er sie mit bierschwerer Zunge.

Und in die Frühe hinaus geht es schon, bis sich der Hanichl soviel Schneid angetrunken hat, daß er sich heimzu traut. Es gerät ihm am Hausweiher vorbei hin über die Gred bis zur Haustür, welche natürlich zugesperrt ist. Nach dem fünften Pumperer meldet sie sich von der Flöz heraus: „Bist da, du bsuffenes Wagnscheitl, dö ganze Nacht han i no kein Aug zutan wegen deiner!" „Moanst vielleicht i?" lallt er von draußn. „Aba heut kimmst ma nimma eina, in Saustöi kannst di umilegn, da paßt eini!", sie von der Flöz heraus. „Geh, Weiberl, i sag ja eh nix und gar nix werd ma ja no sagn derfa, aba jetzt mach ma auf!" benzt der Spätheimkehrer, es ist nämlich ganz schön frisch draußen. Aber alle Überredungskunst hilft nichts. Da kommt dem Bauern ein Einfall: „Tränka tua i mi, wannst nöt gleich aufriegelst!" schreit er. „Spring no glei eina in Weiha, weilst du eahm ebba z'guat warst!", sie von drinnen heraus. Der Hanichl stemmt einen Hackstock von der Holzstatt neben dem Weiher in die Höhe und einen Plumpserer tut es. Die Haustüre wird aufgerissen, die Bäuerin kommt gesprungen und jammert: „Xaverl, du wirst mich doch nicht zur Wittiwin (Witwe) macha, Xaverl!" Der kommt hinter dem Hauseck hervorgerannt, hinein in die Flöz und den Riegel vor die Haustür, das ist eins. „So, Weiberl, jetzt ham ma Platz tauscht, mir zwei!" zahnt er heraus, „siehgst, nach acht Maß Bock han i no mehra Hirn wia du nüachtan!"

Und die Moral

Und die Moral von den Ofentischgeschichten, die genau so hätten sich zutragen können: Ein Maßerl trinken in der Gesellschaft, das kann eine Sitte sein, Sucht darf keine draus werden aus dem Biertrinken! Auch ein Räuscherl in Ehren, zu einem ganz besonderen Anlaß, das sollte man dem Menschen nicht ganz verwehren. Aber eines ist heutzutage zu bedenken: Der Schimmel oder Bräunl damals, die haben nach Hause gefunden, auch wenn der Kutscher einen „Schweren aufgeladen" hatte. Das Auto aber braucht einen nüchternen Chauffeur!

Aber Hansl spann ei!

Steig auf und fahr mit, geh' sinnier' do nöt lang,
da Bräunl, der is gscherzi und zoigt scho am Strang!

So a Foahrt mitm Wagl, wem tat dös nöt gfreun!
Und erst 's Gschnöizat mit da Goaßl, du brauchst's nöt bereun!

Und derfst di valassn, i werd dö Zügl fest nehma,
daß ma bei dera Foahrt nöt an Grabm einikemma!

Und nachat gehts dahi, buckauf und bergo
durch Földa und Wiesn, und böid ham ma wieda do!

„Steig auf!" ist grad angeschafft worden, nicht „steig ei!"
Aufsteigen tut man beim Laufwagl, beim Sulky, in die Chaisn, auf das „Schlittngoaßl" und auf das Reitpferd. Einsteigen muß man in unsere Blechkarosse, in das Auto. Ja die Zeiten ändern sich und oft etwas verdreht sich. Zu meiner Kinderzeit hat man ein Roßfuhrwerk kaum beachtet. Ist aber ein Automobil auf der staubigen Landstraße dahergekommen, da sind wir gelaufen und haben Augen und Mund aufgerissen. Wer würde heutzutage noch einem Auto nachschauen. Eine Reitergruppe oder ein Pferdegespann, die geben ein Aufsehen!
Ja die „Roos" – nicht Roß, und schon gar nicht Pferde, da kann man schon heraushören, was sie dem Menschen einmal bedeutet haben.
„A Roos is dös Schönst' auf da ganzn Welt!" hat der Posthalter zu Karpfham im Rottal behauptet. Und der Graßinger Baumann: „A Roos is eigantli gar koa Viech! A Viech, dös is a Henn, a Sau, a Ratz. A Viech is ebbs, a Roos is ebba!"
Und wäre ich nicht selber im Rottal aufgewachsen – im Rottal ist ja die Pferdezucht daheim gewesen –, und hätte ich nicht schon in meiner Kinderzeit Bekanntschaft gemacht mit dem Roß, kaum würde ich mir zutrauen, etwas von diesem zu erzählen.
Aber jetzt aufgestiegen! In schneidiger Fahrt soll es an Traidfeldern und Wiesen mit mahdreifem Altgras vorbeigehen, Brachmonat ist da, und der Hochsommer steht vor der Tür. Und der Geruch vom Ledergeschirr, von der Wagenschmiere und von den „Roßknödeln" dazu, das gibt eine Ausfahrt mit Lebensqualität! „So, Bräunl geh' mas an, wüi!"

Aba Hansl, spann ei'

Kimmst hin zu da Schmittn, beim Häusl am Grabm,
teans ans brennate Rad an schwa(r)n Roaf onischlagn,
is a Lebm auf da Bruckn und de Gselln ham a Freud:
geht da Bua mitn Maßkruag zum Wirt rechta Zeit.

Bist a Schmied, braucht um d'Arbat di gwiß koana neidn,
kimmt a Rössal, a wilds, derfst an Huaf net voschneidn;
Ja, d'Arbat vom Schmied, de braucht Kraft und Vostand,
daß de Bauern mitn Zeug vom Schmied ar a Freud hamd.

Sammlung Wastl Fanderl

Der Rottaler und sein „Roos“

Wer woaß, wem da Vadda an Schimmi schenkt?
I koa dera Sach nöt recht traun!
A so hat da Duldinga Jackl sich denkt,
I werd' ma um an fremdn Platz schaun!

Dieses Versel stammt aus einer Zeit, in welcher es auf dem Bauernhof noch eine Stube voller Kinder und im Stall eine Reihe strammer „Roos“ gegeben hat, und wo auf der Koppel die Stute mit dem „Heißn“ (Fohlen) umeinandergesprungen ist. Gewiß soviel wie heut' dem Menschen sein Auto, ist dem Bauern einmal das Roß wert gewesen! Der Schulbub hat sich vom Sattler ein schneidiges Rößl auf den Schulranzen malen lassen, und das Christkindl hat ein Paar Holzschimmel oder ein Schaukelpferd gebracht. Gern haben wir Buben auf d'Nacht beim Feierabend „Rössa gspüit“. Ein langes Stück Schnur und ein Schnappmesserl sind alleweil im Hosensack gesteckt. Den Roßbuben ist die Schnur als „Woara“ um den Oberarm gebunden worden und der „Bama“ hat damit gezügelt, hofauf und hofab. Und die Mutter hat etlichemal schreien müssen: „Schluß jetzt und her da zum Auswaschen!“, so notwendig haben wir es gehabt beim Rössal spielen. – Im Roßstall drüben aber standen die schweren „Ackerroos“ und die leichten „Waglroos“ in ihren Ständen und haben sich das Kleeheu aus der Raufen schmecken lassen.
Der Rottaler hat „seine Roos“ gerne selber gezogen. „Mir ham heunt Nacht an Heißn krieagt!“ hat der Hofwimmer-Sepperl begeistert seinen Schulkameraden erzählt. – Nach dem Temperament wird unterschieden: der Kaltblütler, der Warm- und der Vollblütler. Berühmt war das Rottaler-Warmblutroß. Die Traber und die Galopper auf der Rennbahn, das sind Vollblütler. „Im Rottal sind des Bauern Stolz, die schönen Rösser, 'sFeld und 'sHöiz! Doch möchst sei Hauptvergnügen kennen, so nenn' ich dir die Pferderennen!“
Auf dem Roßmarkt ist der Pferdebestand aufgefrischt worden. Weil aber jeder Händler seine „Wahr“ übern Schellnkinni geint (übern Schellnkönig gelobt) hat, drum ist dort ein „Wauck“, ein „Heidda“ oder ein „Schindluada“, wie man zu bissigen, ausschlagenden oder alten, ausgemergelten Rössern gesagt hat, kaum zu sehen gewesen. „Er ist lammpalfrumm, waglbrav, beigschirri und zugfest“, so hat der

Roßschacherer seinen mit Pfeffer hinaufgeschwanzten Rappen angefeilt. Der Käufer aber hat gewußt: ein Roß kann „bockboani“ (störrisch), „urtratzi“ (eigensinnig), „strangkitzli“ (überempfindlich), „stöigranti“ (stallgrantig), „zahnert“ (bissig) und „fuadaneidig“ (futterneidisch) sein. Und obwohl man geglaubt hat, „Bschiß kimmt auf'n Tisch!“ ist man beim Roßhandel mißtrauisch gewesen. –
Aber nicht nur Arbeit hat das Roß auf dem Hof verrichtet. Auch bei freudigen und traurigen Anlässen ist es dabeigewesen. Die Rösser haben den Kammerwagen von der zukünftigen Bäuerin gebracht, sie haben das Hochzeitspaar in der Kutsche zur Kirche gefahren und nachher das Kindl zur Taufe. Und schließlich haben sie auch den Wagen gezogen, in dem der Bauer oder die Bäuerin zur letzten Ruhe gereist sind.
Wie das Feuer zum Ofen oder die Not zum Bettelmann, so hat das Roß zum Menschen gehört.

's Roos und seinö Malizn

D'Hauptsach is, daß sunst nix feit,
's gibt so viel Maliz'n:
Harnwind, Zugflax, Kehl und Dampf,
Rotz und Ingräuschhitz'n!

(Max Matheis)

Nicht nur der Mensch ist auf dieser Welt von Krankheit und Unglück bedroht, beim Viech ist das nicht anders. Und das „Roos“ hat in der sogenannten guten alten Zeit seinen Besitzer nicht nur stolz gemacht und ihm Freude bereitet, sondern oft auch Kummer. Liest man in den Mirakelbüchern der Wallfahrtsorte oder betrachtet man die Votivtafeln dort, dann versteht man, warum der Gast früher mit dem Wunsch „Glück im Stall“ zum Vieh hinein ist.
Und der Marterlspruch „Der Weg in die Ewigkeit ist doch gar nicht weit, um sieben Uhr fuhr er fort, um acht Uhr war er dort“, stammt nicht aus unserer Autozeit, sondern erinnert an einen verunglückten Roßfuhrmann. Man hat zwar „gefrozelt“ (gespottet): „Wem sei Roos nia durchgeht, der reit' auf am hölzern Gaul!“ und doch hat es soviel Unfälle gegeben auf der Straße in der Postkutschen- und Fuhrmanns-

zeit, daß man gehofft hat, es würde besser, wie die Autos aufgekommen sind. „Irren ist menschlich!"
Heute hängt Sankt Christopher am Autoschlüssel. Auch der Roßbesitzer hat seine Fürsprecher gehabt. So ist das Bauernjahr mit einem Roßheiligen angegangen, mit Sankt Georg im April, und hat mit dem Namensfest von einem Roßfürsprecher aufgehört, mit dem Leonharditag im November. Dreimal ist um die Kirche geritten worden, der Hochwürden voraus, er hat segnend den Weihbrunn ausgeteilt, und der Kirchenpfleger hat dazu bemerkt, ganz fürsorglich: „Mir ham'n scho auf a frumms Roos aufigsitzt, unsan Herrn Pfarra, reitn ko er zwar a wengel, aba a jeds Roos leidt's nöt, wann er da obm mit seim Pempsl (Pinsel) umanandafetzt!"
Ganze Körbe voller Votivgeschenke, Rösser aus Eisen geschmiedet, erzählen von der Bauernangst um einen schönen Blaßl, oder daß der kranke Fuchs oder der Bräunl wieder „gangi werd".
Den Hut in der Hand und den Rosenkranz drum gewickelt, in der andern den Zügel, so haben sie vor der offenen Leonhardskirche gebetet für Haus und Hof, Feld und Stall, und das Roß ist nie vergessen worden beim Beten, ob in der Kirche oder daheim.
Wer Wunder sucht und Zeichen viel, bei Sankt Leonhard, da findt er viel!
Der Tod, der Irrtum, Aussatz, Not, der Teufel gar mit seiner Rott weicht ab von dannen gar geschwind, wo er Leonhardi Fürbitt findt!
Verstehen kann man wohl auch einen bekannten Spruch aus dieser Zeit:
Mitm Weibersterbm, da brauchst' nöt vaderbm, aba, Mo, dös Roosvarecka, dös muaß di schrecka!

's Roos im Sprichwort

A haberns Roos und an gschmalzna Mann, dö zwoa reißt koa Teifi nöt zamm!
Roß und Bama sind ein Gespann gewesen bei der schweren Arbeit, das Roß hat dabei Hafer und der Mensch eine kräftige Kost benötigt. Auch für den Fuhrmann und sein Gespann hat das gegolten.
Weil das Roß als Helfer für den Menschen gar so bedeutsam gewesen ist, drum kommt es oft im Sprichwort vor:

Wer woaß, wem da Vadda an Schimmi schenkt? hat man sich gefragt, wann es sich zum Erben geschaut hat. – Und *Einem geschenkten Gaul schaut man nicht ins Maul!* hat man sich getröstet, wenn die Geschenke oder das Erbgut nicht recht rar ausgefallen sind. Hat es aber einer, der nicht viel getaugt hat, durch eine Erbschaft oder einen sonstigen Glücksfall ganz jäh zu etwas gebracht, dann hat es sich bewahrheiten können: *Wann da Bettlmo aufs Roos kimmt, kann 'n koa Teufi mehr dareitn!* Er ist aber auch gewarnt worden: *Wer auf am Roos obm sitzt, der sitzt hoch obm und bei am Sturz is weit oba!*
Von einem Übermütigen sagte man: *Den sticht da Hafa!* und ein Leichtfertiger *hat gern üba d'Strang g'haut* oder *Er geht a weng scharf ins Zeug, ma muaß eahm d'Strang a weng kürza macha!*
Es kinnan nöt allö Äpfi auf am Baam wachsn, haben die Roßäpfel gemeint, und die Spatzen haben sich drum gerauft und gestritten. Einer, den es „gejuckt" hat, sich ein Rennroß zuzulegen, obwohl er nichts davon verstanden hat, der wurde gewarnt: *Raub aus, bring um, kendt o, aba schaff dir koa Rennroos o!* und *Gott schütze dich vor Sturm und Wind und Trabern, die zu langsam sind!*
Guatö Roos zöign staad o, hat man gesagt von einem, der bedächtig und mit Überlegung gearbeitet hat und nicht *wia a Spitzhengst ins Zeug ganga is.* Ist ein Roß draufgegangen, dann hat es geheißen: *Hat der Teufi 's Roos ghöit, söi er an Zaam a habm!* oder *Wanns Roos umg'standn is, hat der Heiling koan Nam mehr!*
„Ja", hat der Bauer oder Fuhrmann gesagt, der auf seine Rösser etwas gehalten hat, *Lieaba an Rousnkranz herleicha öis wia 's Roos!* Böse Zungen behaupten, er hätte sogar noch manch' anderes vor dem Pferd einem Fremden anvertraut.

's Einakehrn

Es ist koa Strick so lang, er findt sei End! so sagt man. Auch ich komm „as Oart außi" (ans Ende) mit dieser Geschichte, und wir müssen „einakehrn" von unserer Ausfahrt. Seit Jahrtausenden ist das Roß dem Menschen Freund und Helfer gewesen bei der Arbeit, beim Sport, auch im Krieg. Es hat nicht nur auf dem Bauernhof „gedient", die Postkutsche hat es gezogen, Bierfuhren, Kaufmannszüge und Holzfuhrwerke.

Einen Volksfestauszug ohne schwere gezierte Bräurösser, wer hätte sich diesen vorstellen können? Und ein Roßnarr hat dem andern eingestanden: „Göi, mir mögn unsanö Weiba scho, aba a Roos is höit a Roos!“

Auch der Wagenschmierfahrer ist mit seinem Schimmel über Land gefahren und der Hadernlumpensammler mit dem Rapperl.

Der Dischkurs über Roß und Rennen hat die Wirtshäuser gefüllt, und von rassigen, schneidigen Rössern hat der Enkel in seinem Bettstattel grad so geträumt wie der Ahndl in seinem Austragsstüberl hinten.

Aber das Auto hat dem Roß „d'Reibm obaglaufa“, wenigstens dessen Kraft wird noch nach „Pferdestärken“ eintaxiert und hie und da sieht man ein Hobbyroß auf einer Koppel springen.

Früher „Roos-Narrn“ – heute Auto-Fans!

Kemmts auf d'Nacht as Sunnwendfeuerl!

Da Peter und da Veitl, dö bittn um a Scheitl,
Johannis um a Burd, wei er unterkenntn tuat.
Kurze Stäual, langö Stäual,
kemmts auf d'Nacht as Sunnwendfeual!

oder:

Wir kommen herein, sind uns Buben a acht a neun,
Herren und Frauen laßt euch grüßen,
an Arm voll Scheitl ins Feuer schießen,
a Arm voll Scheitl is nicht gnua,
Stutzbürl und Prügel a no dazua.
Heiliger Florian, zündt uns 's Feuer an!

Mit solchen Sprücherln sind wir als Buben etliche Tage vor Sonnwend mit Leiterwägerl oder Schubkarren von Haus zu Haus, von Hof zu Hof gezogen. Die Zeiten waren aber damals nicht so gut wie heute, und das Brennholz war noch kostbar. „Schepsschoatn“ (Baumrindenstücke), „Stutzbirl“ (Reisigbündel), „Groparat“ (dürres Reisig) und „Hauschoatn“ (Späne) sind eingefeuerlt worden. Wäre es da ein Wunder gewesen, wenn uns die Hanichl-Zenz nur zwei oder drei gestumpfte Stallbesen und der Schneiderbauer ein paar verfaulte Kühstallbruckläden zum Hoftor herausgeworfen hat? Die Hundsrucker-Kathl aber hat uns angekeift und mit Scheiteln beworfen, welche wir Buben schleunigst zusammengeklaubt haben. Heutzutage aus dem Wald einen Sonnwendfeuerlholzstoß zusammenzutragen, wo alles „Überholz“ dort liegen bleibt, und viele Ölzentralheizungsbesitzer nicht mehr wissen, wohin mit den Holzabfällen, das ist keine Kunst.
Die Pfarrdorfbuben hatten es da etwas leichter. Wer nicht gar zu holzgeizig war, der spendierte ihnen die Prangerstauden, die inzwischen schön resch und dürr geworden waren. So durften diese Birken dem Johannis zu Ehr' nochmals aufleuchten, nachdem sie am Fronleichnamstag schon die Kirche und den Prozessionsweg geziert hatten.
Auf dem Loherberg, der höchsten Erhebung in unserer Gegend, von der aus man bei entsprechender Witterung in den Bayerischen Wald

und ins Gebirge hat sehen können, wurde der Holzstoß aufgebaut und in seiner Mitte auf einer Stange die Strohhexe, eine mit Stroh ausgestopfte Figur, aufgehängt. Lange mußte auf die so kurze Sonnwendnacht gewartet werden, und was noch einigermaßen mobil war, hatte sich auf dem Sonnwendfeuerplatz eingefunden. Erst wenn schon die ersten Glühwürmerl anfingen, den verliebten jungen Leuten zu leuchten, wurde angezündet: ein Qualmen, Züngeln und Prasseln und Lodern, da fing auch die „Hex" Feuer, und im Glutwind stoben die Funken in die laue Hochsommernacht empor. Und je weiter sich diese zur Erde herniedergesenkt hat, desto zahlreicher haben wir Feuerl auf den umliegenden Buckeln und Hügeln bis hinein in den „Wald" aufflackern sehen, sechs, acht und zehn konnten wir zählen. Und neun Sonnwendfeuerl muß man gesehen haben, damit man das nächste Jahr gut überlebt, hat man geglaubt.

Wenn das Feuerl dann etwas niedergebrannt war und die älteren Leut' sich schon zum Heimgehen angeschickt haben, dann ist erst die richtige „Hetz" für die Jungen gekommen, das Feuerlspringen. Einzeln oder erst gar im Paar, mit entsprechendem Anlauf, da hob es einen hinüber unter dem „Juchhe-Schrein" der Umstehenden.

„Wer am weitesten springt, bekommt das längste Traid" und „So hoch man kommt, so hoch wird der Flachs!" Und: „Wer genug Hollerküchel gegessen hat, der kommt am weitesten", so hieß es. –

Um Johanni steht die Hollerstauden in voller Blüte und schon von weitem kann man es „schmecken" (riechen). Hollerkücheln (die Blüten werden in Pfannkuchenteig getaucht und im Schmalz herausgebakken), frisch von der Schmalzpfanne heraus, das ist schon etwas Gutes. Grad der Seppenpeter hat behauptet, er habe halt gar keinen Mehlspeisenzahn, Fleisch und „Brotlzeug" täte er zum besten vertragen, und so hat er die Seinige gebenzt: „Wanns scho heut' unbedingt Hollerkücheln geben muaß, so tua doch wenigstens ins Teigerl a Noagerl (Tröpfchen) Bier hinein!"

Die Hollerstauden aber, obwohl sie uns dreifachen „Gesund" gibt, mit Blüten, Blättern und Beerln, sie hat keinen ehrenvollen Platz auf dem Hof gehabt. Sie stand hinter dem Backofen, neben der Wagenschupfe oder bei der Sauweide. Und doch war sie kaum zum Umbringen. Beim technisierten Hof von heute ist ihr allerdings auch dieser Platz verwehrt worden, und so hat sie sich ins Holz hinausgeflüchtet und erfreut dort die Vögel mit ihren schwarzen Früchten. –

Hat wirklich am 21. Juni der Petrus nicht mitgemacht und es regnen lassen, so wurde das Sonnwendfeuer am 24. als Johannisfeuer oder am 29. als Petrifeuer entzündet.
Um Sonnwend „ferkelt" der Hafer, Korn und Weizen blühen, und die Wintergerste wird schon licht. Peter und Paul brechen dem Korn die Wurzel, und es geht der Reife entgegen. Reif zur Mahd aber ist um diese Zeit das Altgras. Und so fallen die Blumenteppiche mit Wegwürz, Kukuruz, Wetterglocken, Margariten und Geißbart drin der Sense zum Opfer, damit es für die Kühe zum Winter würziges Heu gibt. Schweinemast und Maisfelder haben dieser Hochsommerpracht in unseren Gegenden fast überall ein Ende gesetzt. –

Unser Hochwürden

Stehngan d'Küh vöia Milli auf da Woad
und hand dö Felda vöia Troad,
na glaubm ma scho, es muaß epps gebm,
an Herrgott und an ewigs Lebm.
An Pfarra und an Bräu dazua,
dös glangt nachat scho, dös is uns gnua!

„Unser Herr"

An Peter und Paul (29. Juni), ehemals ein großer Feiertag, sind im Dom die „jungen Herrn" ausgeweiht worden – und „Unser Herr", so hat man halt ganz einfach zum Pfarrer gesagt.
Priestermangel hat es damals noch keinen gegeben. Der Pfarrer hat seinen Koperator gehabt, draußen im Filialdorf war der exponierte Koperator, der Expositus. „Exposi" haben die Leut gesagt oder kurz „Posi". Der Benefiziat auf der Frühmessnerstelle war „da Beni" oder der „Fizi".
Die kinderreichen und gläubigen Familien damals, die waren noch ein fruchtbarer Nährboden für den Pfarrernachwuchs. Heutzutage werden die Weihekurse von Jahr zu Jahr kleiner, die Pfarreien aber wachsen und „wann allö neiganga, wurad'n dö Kirchan z'kloa, wei' s' aba nöt allö neigehngan, drum gehngan s' leicht eini."
Damals aber hat der Lechnerbauer gesagt zu seinem Buben: „Wannst zum Arbeitn z'faul oda z'dumm bist, nachat muaßt as Klosta eine zum Studiern!" – Die Vorstellung der Bauernväter vom Pfarrerstudium hat oft so ausgeschaut: Beim Stufengebet wird angefangen, und mit dem Segengeben hört es auf nach 14 Jahr. Und deshalb haben sie schon ein wenig geprotzt: „Mei Herr is scho bei da Predi" – „Da mei' is mittn in der Meß" – „Und meina hat an Beichtstuih in da Reißn." –
Ja, hart, lang und weit ist der Weg gewesen für den Studenten (Pfarrerlehrbuben) bis hin zum Weihealtar, manche Opfer haben die Eltern gebracht, und vor allem die Mutter hat viel dafür gebetet, daß ihr Bub auch durchhalten kann. Und wie es nachher soweit gewesen

ist, daß der Weihekandidat hat hintreten dürfen vor den Bischof und sein „ad sum“ (da bin ich) sagen, da ist der Dom „hineingedaut“ voll gewesen. Die Eltern durften vorne auf dem Ehrenplatz sitzen. Und zum Schluß kam der Primizsegen, den die Neugeweihten in Albe und Stola der Reihe nach von der Kanzel herunter erteilten: „Pax tecum!“

Am Herrn Pfarrer seine Ämter

Unser Herr Pfarrer is a kreuzbraver Mo
grad schad is, daß er's Allelujasinga nöt bessa ko!

Betrachtet man das Amt vom Seelenhirten, so kann man sagen, es begleitet den Christenmenschen von der Wiege bis zum Grab. Kaum ist das Kindl auf der Welt, wird es in die Kirche gebracht zur Taufe, damit die Erbschuld „abg'schwoabt“ (abgewaschen) und es in die Christengemeinschaft aufgenommen wird. Und wie der Koperator nach der Schule das Huber-Katherl trifft und fragt: „Diandl, warum bist denn heut nöt in der Schui gwen?“ kriegt er zur Antwort: „O mei, d'Blaßlkuah hat a Kalberl bracht, d'Muadda is krank und da Vata is auf Reisbach in d'Kindstauf eini!“ –

Im Brautexamen dann werden die jungen Leute geprüft, ob sie für den Ehestand taugen, und der Hochwürden mahnt zum Schluß: „Paßts nur auf, daß aus enkana Ehe nöt a Ehee werd!“

Zu den täglichen Pflichten des Hochwürden – vielleicht nicht immer ganz angenehm – gehört das Brevierbeten. Wer hätte ihn nicht schon gesehen, den Pfarrer, wenn er als weltvergessener Beter, die eine Hand am Rücken, in der anderen das Brevierbüchl, im Pfarrgarten oder bei schlechtem Wetter im langen Pfarrhofgang auf und abgeht.

„Du Kathi“, hat der Hochwürden zur Fräun Köchin gesagt, „heunt trifft der lange Psalm, du weißt es eh“, und die Haushälterin hat es gewußt, daß der Herr da auf jedes Fenster im Gang ein Krügel Bier braucht, um bei jeder Station den vom vielen Beten ganz ausgetrockneten Schlund wieder benetzen zu können. Und „Herr vergelts Gott“, hat er gedankt, wie ihm einmal im Garten draußen der Wind recht schnell umgeblattelt hat.

Keine kleine Bürde ist die stete Sorge um ein würdiges Gotteshaus: Renovierung außen, der hohe Kirchturm, nachher wieder einwendig,

die Altäre und die vielen Heiligen. „Ausschaugn tut er, wia wann er fünf Wocha mit'm Dampf ganga waar, da heilige Josef", hat der Herr Pfarrer gesagt, wie sie auf Josefi die Statue zum Reinigen vom Postamentl herunter haben. (Nach J. Fendl) –
Und heute noch spricht man auf dem Lande nicht vom Pfarrhaus, sondern vom Pfarrhof. Felder, Wiesen und Holz haben einst dazugehört. Und hat er auch meist einen tüchtigen Bama gehabt, dem Pfarrer seine Kenntnisse als Ökonom sind denen von den Bauern oftmals nicht nachgestanden. So hat er die Sorgen um das tägliche Brot seinen Bauern verständlich auspredigen können. Und deshalb soll eine Kurzpredigt im Sommer nach langer Trockenperiode einmal gelautet haben: „Liebe Pfarrkinder, schaut hinaus, zu regnen fängt's an, Gott sei Dank, Amen!"

Der Beichtvater

„Du sollst wenigstens einmal im Jahr deine Sünden beichten und zwar zur österlichen Zeit!" verlangt es ein Kirchengebot. –
Und auch die Holzweberin hat zu ihrem Buben gesagt: „Daher, oamöi im Joahr werd' ausgwaschn, ob's noutwendi is oder nöt!"
Die Osterbeichtzeit ist genau genommen worden früher, und standesgemäß ist es zugegangen, jede Woche ein anderer Stand: die Jungfrauen und die Frauen, die Jünglinge und nachher die Mannerleut'. Der Pfarrherr hat geschaut, daß er einen guten Prediger für die vorausgehende Standeslehre und einen tüchtigen Beichtvater hergebracht hat. –
's Schusterweib wäre einmal bald nicht mehr herausgekommen vom Beichtstuhl, und die anstehenden Frauen draußen haben schon die Köpfe zusammengesteckt und getuschelt. Sie hat halt soviel vorzubringen gehabt gegen ihren Mann, daß er sie so ärgert. Wie sie nachher endlich ausgeschimpft hatte, war die Buße vom Beichtvater: „Betst oan Vaterunser für dich und drei Rosenkränz für dein' Mann!"
Die „Roßschacherer" (Roßhändler), so ist behauptet worden, die haben ihren „Jahrling" meistens lieber zum Pater ins Kapuzinerkloster hineingetragen als zum eigenen Pfarrer. Und einer soll dort einmal kurz und bündig seine Sünden so angebracht haben: „Herr Pater, wie voriges Jahr!" und sein Nachfolger: „Wie vorvoriges Jahr!" Bei einem besonders großen Missetäter aber, da soll der geistliche Zuspruch

10 Die Schulkinder der Volksschule Pörndorf/a. Kollbach im Jahr 1919.

11 Firmlinge mit „Godn“ (Patinnen).

12 Georgiritt in Griesbach/b. Dingolfing vor 30 Jahren.

13 „Im Rottal sind des Bauern Stolz, die schönen Rösser, 's Feld und 's Höiz“ (um 1930).

gelautet haben: „Du brauchst grad Schuah und Strümpf ausziehgn und zua laufa, kirzengrad, du kannst nöt irr gehn, du kimmst pfeilgrad mittn in d'Höll eini!"
Nach der Osterbeichtzeit ist der Herr Pfarrer mit dem Mesner zum Beichtzettlsammeln gekommen. Die Stube ist ausgeputzt worden, die Rotznäschen der Kinder sind in Ordnung gebracht und die Beichtzettel und die Eier hergerichtet worden. So ist es auch gewesen beim Reithuber, wie der hohe Besuch kommt. Der Mesner richtet die Eier vorsichtig in die Kirm hinein, während der Hochwürden mit der Familie „dischkuriert". Weil schon Mittagszeit ist und der Weg nach Reithub herauf weit gewesen ist, drum tischt die Bäuerin den Gästen auf: „Oarschmöiz (Rührei) und a Kletznbrüah dazua". „Dös hand aba süaßö Kletzn", „geint" (lobt) der Herr. „Ja mei, der Birnbaam steht ja direkt hintam Häusl", erklärt die Gastgeberin. Nach der Stärkung geht's ein Haus weiter. „Ja", hat dersell Pfarrer g'sagt, „zum Predinga braucht ma a festö Stimm und zum Beichthörn an guatn Magn!"

Sonntagspredigt und Religionsunterricht

„Geht hinaus und lehret alle Völker . . .", lautet der Auftrag des Herrn, und so ist eine wichtige Aufgabe des Pfarrers das Predigen und auch das Religionsunterricht halten.
Der Altbayer mag eine scharfe Predigt, deutlich und laut muß sie sein, aber auch kurz und gut. „Üba öis derfans' predinga, Herr Pfarrer, übers Ausschmiern, übers Lüagn, über d'Unkeuschheit und an Ehebruch, grad nöt üba a halbe Stund!" hat der Bürgermeister zum neuen Herrn Pfarrer gemeint.
Der Prediger möchte seine Pfarrkinder in der Kirche haben als Zuhörer, nicht auf dem Friedhof, auf der Emporstiegen oder im Läuthaus: „Dös is nämli da Vorhof vo dö Heidn und nachm Vorbild Jesu ghöratn s' da unta da Predi mit'm Strick vatriebm!" –
Eine andere Sucht ist das Schlafen während der Verkündigung vom Gotteswort. „Warum gehst denn so seltn in d'Kircha?" hat der Pfarrer den Obern Wirt gefragt. „Weil i liaba dahoam schlaf", hat der sich denkt und an Pfarrer vertröstet: „I kimm scho wieder." Da Freihäupin-Vater aber ist ein aufmerksamer Zuhörer, und wie er nach der Kirche herauskommt, lobt er „seinen Herrn" übern Schellnkönig:

„Der Döifi koa predinga. Oa Schroa wie da anda, der erstö wia da letztö und a jeder wia a Doaschlag!" Und ganz zufrieden nimmt er sich ein „Schnüpfö" (Prise Schnupftabak).
Allerhand hat der Pfarrer als Religionslehrer in der Schule auch damals schon erlebt. Als er in einer Stunde den Schutzengel durchnimmt und erklärt, wie der die Kinder, die fleißig zu ihm beten, beschützt, sagt der Höizweba-Löisl drauf: „Herr Pfarrer, mir hammand dazua an schoafn Hund dahoam!"
Und der Lixl-Xaverl vertritt in der Bibelstund die Ansicht: „Gnedda umkehrt hätt's sei müaßn, da Abel söi an Kain daschlagn ham!"
„Ja", jammert der Pfarrer, „i hab' glaubt, der Herr Bischof hätt' mi in an Weinberg gschickt, es is aba mehra a Steinberg!"

Wanns aufs End zuageht

Für den christlichen Altbayern darf wohl der Leibspruch gelten: *Mit Gott fang an, mit Gott hör auf, das ist der schönste Lebenslauf!*
Am Nachmittag sucht der Herr Pfarrer die Kranken seiner Pfarrei auf. Der schwarzweiß gescheckte Murmi, sein Hundl, springt neben ihm her. *Pfarrershund' und Lehrersbubm, dös sind die ärgsten!* so hat's geheißen damals. Die Haslbeckin, seit zwölf Jahren schon versagt ihr Gehwerk und sie kann nicht mehr in die Kirche kommen, sie freut sich über den geistlichen Zuspruch, weniger aber über den Murmi, der sogleich auf das Kanapee hinaufhupft. Der alte Haslbeck, ein Achtziger, sitzt auf der Ofenbank. „Grad han i streiten müssn mit dem mein, Herr Pfarrer", fängt die Kranke an, „wissens', er möcht unbedingt in seinem Geiz das Öttinger Blattl und die Kirchenzeitung im Häusl draußen hernehma, dös hand do heilige Schriftn!" Der Herr Pfarrer ist in der Zwickmühle. „U mei, Haslbeckin, dös Papier is nöt gweicht, grad dös Drucktö drauf is a weng heiligmäßig", ist das salomonische Urteil, das aber die Heimgesuchte nicht ganz befriedigt.
Noch härter aber wird es, wenn der Seelenhirt eines rüsten muß zur Reise hinüber in die Ewigkeit. Und was hat der alte Niedermeier gesagt zum Doktor, der ihn nochmals durchgebracht hat, obwohl der Sterbenskranke schon versehen gewesen ist: „Jetzt hat mi da Herr Pfarra scho so schö gricht' ghat und du machst mi wieda gsund, ob er dös 's nächstömöi a no aso zammbringt?"

Vom Pfarrer Seel aus Pörndorf wird erzählt, er sei nach 25jährigem Wirken in der Pfarrei so mit seinen Pfarrkindern zusammengewachsen gewesen, daß er wechseln hat müssen, weil er ganz einfach die Grabreden nimmer „derpackt" hat.
Es ist gut, so meine ich, daß der Seelenhirt auch grad ein Mensch ist. Seine Ämter und seine menschlichen Seiten haben wir betrachtet. Als Vermittler gleichsam steht der Hochwürden zwischen Mensch und Herrgott, oftmals ein bißel näher beim Menschen, vielleicht etwa, daß er ihn besser bei der Hand nehmen kann und hinüberweisen, von wo noch keiner zurückgekommen ist.

’s Geld regiert d’Welt!

Kini, Kaisa und Präsidenten
hand bei dö Völka dö Regenten.
Aba schaugst di a wengal um in da Wöid,
nachat spannst as, regiern tuat höit ’s Göid!

’s Göid regiert d’Wöid!, so weiß es ein altes Sprichwort, oder: *’s Zentrum vo da Wöid is und bleibt ’s Göid!* Und darüber soll jetzt ein wenig sinniert werden. Ich glaube, es ist die richtige Zeit dazu: Ende Juni, die Vakanzzeit und der Urlaub stehen vor der Tür, fleißig ist Geld auf die Seite gelegt worden, damit es in den Ferien ausgegeben werden kann. Eigentlich hätte man in der Ausrastzeit auch gerne Ruhe vom Geld. Aber grad da werden die Leute, die in die Welt hinausreisen, geplagt und gekreuzigt mit dem Zählen und Umrechnen von Schillingen, Lira, Dinaren, Gulden, Kronen und was es sonst noch alles gibt an fremden Währungen. Bei den Stallbauern-Buben hat es das nicht gebraucht. Wie hat ihr Vater an einem Sonntag kurz vor der Ernte zu ihnen gesagt, warm und heiter ist es gewesen: „Buama, heunt’ derfts fuhrtfahrn und enk d’Wöid anschauen, aba zur Wegarbeit auf d’Nacht müaßts fei wieda da sei!“ Dabei hat jeder grad ein Fahrradl gehabt.

Nicht über die vielleicht trockene Sache vom Geld an sich soll jetzt berichtet werden. Obwohl es für einen Geschichtsprofessor gewiß viel zu berichten gäbe, so z. B. daß das Metallgeld schon 4000 Jahre alt ist, dann von den unterschiedlichsten Währungen, von Muscheln, Glasperlen – die Zigarettenwährung haben die älteren von uns noch alle selber erlebt. Erst recht nicht soll es über Finanzwissenschaft gehen, über Notenbank, Banknoten, Wechsel oder Pfandbriefe und Aktien.

Nein, nur ein paar Gschichteln vom Menschen und seinem Umgang mit dem Geld, wie sie auf der Gredbank oder in der Stube nach Feierabend erzählt werden.

Der Umgang mit dem Geld

Wanns Taler tat renga und Markln tat schneibm,
da tat i an Himmivater bittn, 's möcht s'Wedda so bleibm!

Ein „znifiger" Knirps bin ich noch gewesen, da hat mich mein Vater das erstemal in die Kirche von Pörndorf mitgenommen. Auf der Emporkirche oben im dritten „Stand" von hinten herein sind wir gesessen, vor uns der alte Beiglsepperlvater. Unter der Predigt hat dieser seine beinerne Schnupftabaksdose herausgeholt und mit einem „abgeschlagenen" großen Markstückl eine „gupfte Fuhr" zuerst ins linke, dann ins rechte Trumm Nasenloch „aufigfahrn". Ja, wozu man Geld brauchen kann!

Während der Opferung sind die zwei Zechpröpste und der Mesner mit der „Tafel" zum Sammeln gekommen. Der Reithuber neben uns, ein großmächtiger Bauer, hat dem ersten ein Fünferl aufs Brett gelegt, der Propst hat's hinuntergestoßen und ihm einen Pfennig und einen Zweiring darauf zurückgelangt, und mit „Gott vergelts!" ist er weiter. Zuletzt ist der Mesner mit der Sammeltafel angerückt. Mein Vater hat mir auch ein Fünferl in die Hand gedrückt, und ich hab es dem Reithuber nachgemacht. Der Mesner aber hat meine Opfergabe mit einem „Gott vergelts für die Armen Seelen!" hinuntergestoßen und ist fort. Die Mannerleut' um uns herum haben geschmunzelt, und ich hab einen roten Kopf bekommen und mich im Stuhl verkrochen. „Jetzt hast einen Bock g'schossn!" hat mein Vater mir ins Ohrwaschel geraunt und mir mit seiner rauhen Bauernhand den Haarschopf gestreichelt. Wie hätte ich aber auch wissen können, daß man das letztemal nicht mehr wechseln lassen kann! –

Bei der Taufe wird dem kleinen Erdenbürger meist schon ein Sparbüchel angelegt, zum Schulanfang und zur ersten heiligen Kommunion gibt es Geldgeschenke, und der Firmgöd spendiert den Firmtaler. Besonders bedeutsam aber wird das Geld beim Heiraten: *Bauern heiraten nachm Land, d'Edelleut' nachm Stand, d'Hofleut' nach Welt und d'Kaufleut' nachm Geld!*

J. Schlicht berichtet davon, daß ein prahlerischer Gäubodenbauernbursche an Micheli, seinem Namenstag, vor dem Wirtshaus sein Heiratsgut durch die Windmühle hat treiben lassen. Die Burschen haben gedreht, so stark sie konnten, und das ganze Kleingeld, das

hinten hinausgeflogen ist, hat ihnen gehört. – Gerade gut, daß es damals noch kein Papiergeld gegeben hat! Der Wimberger-Bauer aber hat angeblich sein heiratsfähiges Madel auf einen Metzen voller Taler gestellt, damit es dem reichen Bräutigam groß genug war.
Heute haben Taler und Münzgeld, mit denen man früher im Hosensack geklimpert hat, an Bedeutung verloren, Papiergeld mit entsprechendem Aufdruck ist gefragt! Aber auch das Malheur, das dem Luderbecker-Franz damals passiert ist, kann heute kaum mehr vorkommen: Er hat am Samstag nicht mehr auf die Bank können und deshalb das ganze Saugeld, das der Händler in aller Frühe bar ausbezahlt hatte, in einem Kellerloch verwahrt. Da hat das Wasser hereingedrückt, und der Franz hat am Montag die Hunderter auf der Ofenstange trocknen müssen. – Auch der Sparstrumpf im Strohsack hat ausgedient, Konto und bargeldloser Verkehr sind Trumpf!

's Geld im Wirtshaus

> Ja waar denn dös a scho aus, wann i mei Göid vasauf!
> is ja aso nöt vui, wann i nöt stuih!

Und darum hat der Hanichl-Xaverl am Sonntag im Wirtshaus seinen ganzen Wochenlohn vertrunken und sich dann getröstet: „Göid alloans macht a nöt glückli!"
Und der Holzweber-Valö hat geprahlt: „Drei Höf' han i scho vaputzt und koan Mauerer dazua braucht! Tausend Taler han i dö Musikantn hingworfa, es reut mi koana, wei sie mir sovüi aufgspuit hammand, daß i für mei ganz Lebm gnua han. A was i vaspuit han, reut mi nöt, i kann heut koa Spuikartn mehr sehngn. An Haufa Göid han i vatrunka, aber, Leut' dös reut mi, wei, dürstn tuat mi allaweil no!"
Einmal hat der Stadlbauer einen schweren Ochsen verkauft und sich mit der Brieftasche voller Geld zum Untern Wirt hingerieben. Der Handel hat durstig gemacht und so läßt er sich gleich eine Maß bringen. Mit jeder wird er „gschmatziger" (gesprächiger), und so wissen die Zechbrüder in der Gaststube bald, wie heute der Stadlbauer gestellt ist. Wie die Zecken hängen sie an ihm dran. Vertrinken hätt' er den Ochsen nicht können heut', der Stadlbauer. Aber mit Kartenspielen und Zechfreihalten wird er fertig bis nach Mitternacht. Weil er sich

daheim nicht mehr in die Schlafkammer traut, legt er sich ganz einfach in den leeren Ochsenstand. In der Frühe steht plötzlich seine Bäuerin vor ihm. „Mei, Weibal“, fragt er, „was waar jetzt besser, wann dei Mo hin waar, oder wann da Ochs hin waar?“ – „Na ja, nachat do scho liaba da Ochs!“, sie drauf. „Der is a hin!“ gesteht der Bauer ein.

's Geld im Sprichwort

Es ist schon meina Lebtag so dumm auf dera Wöid:
deselln, dö stoareich hand, dö ham's mehra Göid!

So behauptet es ein Schnaderhüpfl, das Sprichwort aber sagt: *Wo a Göid is, macht da Teufi no an Haufa dazua!* und *Wo 's Göid is, da is da Teufi, wo koans is aba erst zwoamöi!*
Daß das Geld so oft im Sprichwort vorkommt, beweist uns, wie wichtig es dem Menschen ist. So sagt man: *Göid kimmt hinkad eina und geht tanzad furt*, weil ein jeder weiß, daß Geld verdienen meist schwerer ist, als es ausgeben. Und *A laara Sack steht höit nöt!* und *Göidsäck hand dö schwaarstn Säck!* Ein Handwerksbursche hat auf d'Nacht seine zusammengebettelten Pfennige und Zweiringe gezählt und sich getröstet: *I und dö andern Leut', mir hammand mitanander Göid grad gnua!* und hat sich selber eingestanden: *D'Armut is koa Schand nöt, wann ma no a Göid hat!*
Und der Häuslmann, bei dem die Not zu den zerbrochenen Fenstern herausgeschaut hat, sinnierte: *Göid hätt' i wiea Heu, grad gmaht is höit nöt! Und weil i koans hab, drum spuit 's Göid bei mir koa Rolln nöt!* Ja, *Göid kimmt nöt aus da Mode und stinka tuat's a nöt*, das ist der Leibspruch von Leuten, die ohne viel Gewissen Geld zusammenraffen. Und da kann es sich nahher bewahrheiten:
Göid kann a guata Diener sei, aba ar a schlimmer Herr! oder *Da Wohlstand macht 's Gwand lind, aba 's Herz hirt!*
Aber eine Inflation hat auch einen „Ruach“ (Geizhals) schon um seinen Geldhaufen gebracht, gradso wie einen Fleißigen und Sparsamen um seine Barschaft. Der Peislvater kann sich noch gut an diese Zeit erinnern. Beim Graßinger ist er Baumann gewesen. Am Samstag hat ihm sein Bauer den Wochenlohn ausbezahlt: drei Millionen. Er ist damit in die Stadt gefahren mit seinem Fahrradl. Da hat die Maß Bier bereits neun Millionen gekostet.

Zeit ist Geld! hört man heutzutage so oft, aber es stimmt nicht ganz: Die Leute, welche viel Zeit haben, denen fehlt meistens das Geld, die Geldigen aber haben oft wenig Zeit.
Die Hälfte vom Leben opfern die Menschen „eahnan Gsund“, damit sie zu Geld kommen, die andere Hälfte geben sie das zusammengesparte Geld aus, um die Gesundheit zurückzugewinnen.
Und grad guat is auf dera Wöid, daß Tod und Teufi nimmt koa Göid, sunst kammat mancha armö Gsöi für an Reichn abi in d'Höi!
Ehrlich macht auch reich! hat der Herr Pfarrer gesagt, *grad schlaunen tuts halt nicht!*
Nun, soll das Geld ruhig die Welt regieren, bloß halt nicht den Menschen!

Vom Schüigehn früher

„Früha is zwoa möi zwoa vier gwen, und es hammad dö zehn Gebote göitn, heut mit enkana Mengenlehre und Sexkunde is dös ebbas anders!“ hat die Mutter gesagt, wie sie dem Schulbuben ins Rechenheft geschaut hat.

Wirklich, viel hat sich geändert durch Schulreformen in den letzten Jahrzehnten: Erst hat es in der Volksschule sieben, später acht Jahrgänge gegeben, und in der „Einklassigen“ sind in einer Schulstube von einem Lehrer alle unterrichtet worden. Das etwas größere Dorf hat die „Zweiklassige“ gehabt, „die kleine Schule“ (Klasse 1–4) mit dem Fräulein und „die große“ (Klasse 5–7 oder später 8) mit dem Hauptlehrer. Im Markt sind Buben und Dirndln schulisch meist getrennt betreut worden, die Mädchen vielerorts von Schulschwestern, nur in der Stadt ist die Schule nach Jahrgängen aufgegliedert gewesen. Den Schulbus hat man nicht gekannt, und eine Stunde und mehr Schulweg von der Einöde bis ins Dorf, das ist keine Seltenheit gewesen. Im Sommer barfuß oder in Holzschuhen, auch mit dem Radl, falls eines vorhanden war, im Winter durch „Schneequaden“. Und weil da „ganze Schul“ gewesen ist, d. h. von 8–11 Uhr vormittags und von 12–3 Uhr nachmittags, sind die Schulkinder, die einen weiten Weg hatten, noch bei Nacht fort und im Finstern heimgekommen. In der großen Mittagspause sind die Dorfkinder nachhaus, die Auswärtigen aber haben ihr Scherzel Brot oder das Stückl „Töiopf“ (Hefenteignudel) gegessen.

Das Schulgewand ist oftmals rar gewesen! Einen Mantel hat man kaum gekannt im Winter, besonders, wenn aus der Familie gleich „a Stukra 5–6“ gleichzeitig in die Schule mußten. Im Sommer lief man meist barfuß. Jedes Schulkind trug am Rücken den ledernen Ranzen, die Buben mit einem Roß drauf gemalt, die Mädchen mit einem Katzerl, auf der Seite hat das Lineal herausgeschaut. Da war es für die Buben auch gleich zur Hand, wenn es zum Raufen und Zuschlagen wurde. Auf der anderen Seite hingen Schwamm und Tafellappen an einem Bandel herunter.

In der Schulstube sind die Viersitzerbänke gestanden mit den Klappdeckeln, der Griffelrinne und dem Tintenfassel. Zwischen den zwei

großen Schultafeln hat vom Podest, zu dem zwei Staffeln hinaufführten, der Katheder heruntergeschaut; er hatte ebenfalls einen Klappdekkel für das Fach mit dem „Spanischen" (Rohrstock) drin.
„Buama, wer hat dö meistn Tatzen krieagt und is oana a übaglegt worn?" hat der Reitbauer auf dem Heimweg die Schulkinder ausgefragt. „Ich", hat der Hofbauern-Anderl gerufen, „aba i han a Pölsterl drin ghat in da Hosn und da Lehra hats nöt gspannt und i nix gspürt!"
Ja recht streng ist es da und dort in der Schule hergegangen.
Weil man auch damals nicht erkannt hat, daß man nicht für die Schule, sondern für das eigene Leben zu lernen hat und daß es eigentlich heißen müßte: Wir dürfen in die Schule gehen, nicht wir müssen, drum ist mancher recht ungern gegangen. Den Unteröder-Natzl haben sie in der ersten Zeit angeblich mit einem Strick auf den Schubkarren binden und so zur verhaßten Schule radeln müssen.
Endlich, wenn auf den Feldern das Traid „geschossen" ist und wir Kinder einen Tag lang Scheitl auf den Schulboden haben tragen dürfen, da ist sie gekommen, die „große Vakanz". Und weil der Herr Hauptlehrer recht grantig dreingeschaut hat, haben wir tatsächlich geglaubt, ihm „täte stinken, weil er uns jetzt ein Zeitl nimma traktieren kann, und grad wir Schulkinder täten uns auf die Ferien freuen."

Da Schüirat kimmt

Oftmals stand vor Beginn der Vakanzzeit noch der Besuch des Schulrates bevor. Und da wir Schulkinder fast noch so dumm waren wie dem Stallbauern sein Ganserer, der fünf Jahre mit den Impen geflogen ist und erst in seinen alten Tagen noch das Schwimmen lernte, hat uns der Schullehrer eine ganze Zeit vorher mit der Drohung zum Lernen angefeuert, daß der Besuch dieses Herren aus der Bezirksstadt nur uns Kinder angehe. Aus eigener Erfahrung bin ich inzwischen aufgeklärt.
„Da Schüirat kimmt!" war somit der angstvolle Ausruf des ersten Erspähers. Hanns Haller, selber einer von dieser Kategorie, er hat ja darüber geschrieben in seinem Büchel „Diese Schulräte".
Aber daß ich jetzt das Geschichtl fürabring:
Ein nagelneuer Schulrat ist in seinen niederbayerischen Bezirk gekommen. Neue Besen kehren gut und auch ihm hat es „geschlaunt". Also beschließt er, sich vor seiner öffentlichen Installierung gleich ein wenig

in seinem Revier, Bezirk wollte ich sagen, umzuschauen. Mit der Aktentasche unter dem Arm kommt er auf Neukirchen hinaus und steuert das gemauerte Haus mit den großen Fenstern vorne und dem quadratischen Anbau mit Dunstrohren vom Dachl hinaus hinten, an.
Der Obermeier Schorsch ist Schulmeister auf der Einklassigen, sein Leibfach ist Biologie. Das Wachstum von den Pflanzen, vom Weizen, von der Gerste und vom Hopfen zum Beispiel, und deren Bedeutung für uns Menschen, das kann er seinen Kindern recht eindringlich verdeutlichen. – Gestern Abend aber ist seine Schafkopfrunde gewesen, und weil er bald ums Verrecken das zuerst verspielte Geld nicht hat zurückgewinnen können, drum ist es ihm früh geworden. So sind seine Schulkinder – es ist schon acht Uhr durch – allein in der Schulstube. Der Schulrat zieht am Glockengriff neben der Wohnungstür vis á vis vom Klassenzimmer. Nach einiger Zeit hört er schleppende Schritte, und dann steht der Schorsch in Filzpantoffeln, Hosen, Hosenträgern und Hemd im Türrahmen. Der Neue stellt sich mit amtlich erhobener Stimme vor. „Ah, da schau her, der neuchi Herr Schüirat sans“, meint der Schulmeister ganz treuherzig, „ja nachert gehngans no glei umi in d'Schui, sie kinnans gwiß eh besser wia i!“ – Da hat's dem Schulrat die Sprache verschlagen und er ist weitergereist.
Ein Markt mit einer größeren Schule ist sein nächstes Ziel. Der Schulbetrieb ist schon flott im Gang. Als erstes klopft er an die Klassenzimmertür des Schulmeisters. Einen engen Spalt grad geht die auf, und der Fremde mit der Aktentasche wird gemustert vom Kopf bis zum Fuß: „Danke, habe keinerlei Bedarf.“
Damit ist der vermeintliche Vertreter abgefertigt, und die Tür ist schon wieder zu. An der nächsten wird er mit der scharfen Frage „Sie können wohl nicht lesen?“ auf ein Schild mit der Aufschrift verwiesen: Betteln, Hausieren und Störung jeglicher Art während des Unterrichts verboten! Aller guten Dinge sind drei, so glaubt der neue Schulrat und klopft an der dritten Tür des Schulhauses. Der Hilfslehrer wird vom schlechten Gewissen gepackt und fertigt so ab: „Ich hab' mein Lexikon vom vorigen Jahr noch nicht bezahlt!“ Ein wenig kleinlaut steht der neue Schulrat da. Mit der Bibel kann man da nur sagen: „In sein Reich kam er, aber die Seinen nahmen ihn nicht auf!“

Das arme Dorfschulmeisterlein

Wenn es zur Hochzeit g'laden ist,
da heißts: schau, schau, wia der Kerl frißt!
Was es nicht frißt, das steckt es ein,
das arme Dorfschulmeisterlein.

Und wenn im Turm die Uhr nicht geht,
der lange Zeiger stille steht,
da heißts: es muß besoffen sein,
das arme Dorfschulmeisterlein.

Es fängt das Elend erst recht an,
wenn er lehren soll und selbst nix kann.
Da schlafen ihm die Kinder ein,
dem armen Dorfschulmeisterlein.

Und seine junge schwarze Frau,
die haut den Ehmann grün und blau
da heißt es schön geduldig sein
fürs arme Dorfschulmeisterlein.

Sammlung Wastl Fanderl

„Studentenzeit“

In den fünften Kurs bin ich grad gegangen, da ist für mich eine Schicksalswende eingetreten. Es war in einer Zeit, wo es noch keinen Übertrittstest gegeben hat und man auf der Dorfschule von Abgangsquoten in weiterführende Schulen kaum etwas wußte. Der Herr Pfarrer hat geglaubt, ich würde etwa zum Studieren taugen, der Herr Hauptlehrer hat geschätzt, aus mir könnte einer von seiner Profession werden. Auf jeden Fall, nach Ostern – das Schuljahr hat zur damaligen Zeit noch mit dem Frühjahr angefangen – ist es mit mir dahingegangen in die Stadt aufs Gymnasium. Alles, was ich mir darauf eingebildet hatte, ist bald dahingeschwunden, wie es von früh bis auf d'Nacht geheißen hat, Latein, Griechisch, Mathes, Biologie büffeln und Fächer, von denen man bisher nicht einmal den Namen gehört hatte. Und die strengen Herren Professoren: da Zampal, da Gnaukal, da Boyhansi, d'Fesernanni und gar da Büffi: „Gell, hat dir dein Vater d'Mistgabel in die Hand gedrückt, hast sie verkehrt genommen, hat er gsagt, gehst in d'Stadt eini zum Studiern, für einen Bauern bist zu tappig“, so hat er uns eintaxiert, wenn wir halt die Konstruktion eines Lateinsatzes gar nicht haben kapieren wollen.
Und dann das Heimweh! Vom Land in die Stadt, von Feldern, Wiesen und Hölzern zwischen Stadt-, Schul- und Internatsmauern hinein! Oftmals ist man ins Dachgeschoß hinauf und hat zum Fensterl hinausgeschaut, der Blick ist gegangen über Dächer und Türme, aber bis nachhause hat's nicht gelangt. Am Ausgangstag haben wir den Gleisen am Hauptbahnhof nachgeschaut, von denen wir gewußt haben, daß sie fast bis heim laufen.
Endlich ist es zu Ende gegangen mit Schulaufgaben und Extemporalen, der Sommer, der Wandertag ist gekommen und damit die ersten großen Ferien. Wie es das geben kann, die gleiche Strecke, derselbe Zug und die Fahrt in der Gegenrichtung um soviel schöner! Der Vater hat mit dem Laufwagl und Rappen an der Bahnhofsrestauration gewartet, und dann ging es endlich heim zu Mutter, Geschwistern und Großeltern in die niedrige Bauernstube, die aufs erste schier „gefremdelt“ hätt', auf die hohen Stadträume drauf. Und weil das Zeugnis gestimmt hat, hab ich mit dem Großvater gleich am ersten Feriensonntag mitgehen dürfen nach Emmersdorf in die Kirche und danach zum Weißbräu hinein auf Knackwürste, Brezen und Kracherl.

Hurra, d'Vakanzzeit is!

Buama, Dirndln, hei juchei,
endli, 's Schuijahr is vorbei!
Nehmts an Schuipack, werfts'n weg,
her damit und hintö as Eck!
Ja, Schuikinda, jetz' is gwiß,
daß wieda d'Vakanzzeit is!

Weil heutzutage für viele Eltern gleichzeitig mit den Ferien ihrer Kinder auch der Urlaub angeht, wird schon alles rechtzeitig gerüstet für die sommerliche Völkerwanderung und man fiebert dem Reiseziel entgegen. Ob auf einem Berg, an einem See, am Meeresstrand, im In- oder Ausland, Tapetenwechsel braucht der Mensch, so heißt es, und einen Reisebericht möchte man mit heimbringen, der sich bei Verwandten und Freunden sehen und hören lassen kann. So ist es heutzutage einmal, und wer wollte es ändern? Aber auch für die Zuhausegebliebenen gibt es Abwechslung: Schon allein die Tatsache, daß man etliche Wochen tun und lassen kann, was man will, daß kein Zeitplan hetzt, das ist Grund genug zum Freuen. Freizeiteinrichtungen gibt es auch hier, und auch auf des Schusters Rappen oder auf dem „Drahtesel", dem umweltfreundlichen, kommt man umeinander und man sieht Naturschönheiten und hört Töne, die im Auto nicht zur Kenntnis genommen werden.

Ja, für eineinhalb Monate kann den Kindern jetzt die Schule den Buckel hinunter rutschen, und der Moosbauern-Sepperl meint, „jetz' brauch i mein Lehra nimma grüßn, solang i Vakanzzeit han!"

Ein Jahres- oder gar Abschlußzeugnis hat es früher auch schon gegeben. „Bleib sitzen", hat der Falterbauer-Xaverl zu seinem Vater gesagt, „i bin a sitzn bliebm, mei Vatrag is nöt valängert wordn!" Der Falterbauer hat die Schul-Urkunde gemustert und drauf festgestellt: „Für so a misrabligs Zeugnis ghöratn eigantli Prügl!" „I woaß, wo a wohnt, da Lehra", der Xaverl drauf. (Nach J. Fendl)

Wie Ferien und Urlaub heutzutage ablaufen, das weiß jeder selber, aber wie es zu Großvaters Zeiten zugegangen ist in der Vakanz, besonders auf dem Lande, davon soll hier erzählt werden.

A Tour ist's, wann a Tourist auf der Tour is und in oana Tour ißt! weiß ein Schnaderhüpfl, und Tourismus ist heute groß geschrieben. Von Massentourismus wird geredet, und wer kennt nicht die Blechkarawanen auf unseren Straßen und Autobahnen!
Unser erster Ausflug in der Vakanz ist mit den Fahrradln zum „Hoabaln" (Heidelbeerpflücken) gegangen. Weil in den Hölzern unserer Umgegend mit Fichten und Tannen kaum Heidelbeerstauden gewachsen sind, haben wir 10–12 km weit fahren müssen, Peterskirchen zu, wo man schon auf das Schloß Baumgarten hinabgesehen hat. Mutter und Magd sind mit uns Kindern, und fleißig ist gesucht worden nach den besten Plätzen mit den größten „Hoabaln", und alle halbe Stunde sind die vollen Haferl in den großen Kübel ausgeleert worden. Auf d'Nacht zu ist dieser zum Überlaufen voll gewesen, und wir haben gesungen: „Hoamzua, hoamzua, Hoabal hamma grad gnua" und gefreut haben wir uns auf den „Hoabaltatschi" und aufs „Hoabalkoch".
Vergessen habe ich auch nicht die weite Radlfahrt mit Vater und Mutter nach Neukirchen zum Onkel zum „Gödnbittn". Das war eine Tour von etlichen Stunden. Weil es kurz vor der Ernte gewesen ist, wurde das Roß geschont und dafür der Drahtesel eingespannt. Unsere Mühlstraße und der Weg bis Johanniskirchen zum Bader und ins Volksfest, der ist mir schon bekannt gewesen, aber dann ist es fremd geworden, die Höfe auf den Bergen oben mit roten Ziegelmauern und ein hoher Windbrunnen dabei. Und erst gar die Stadt Pfarrkirchen! Einen kurzen Wallfahrtsbesuch bei der Mutter Gottes auf dem Gartlberg oben haben wir mitgenommen, und der Vater zeigte mir dort die Brandkugeln an den Wänden, welche der Feind auf die Stadt geschossen hat, die aber auf die Fürsprache der Gnadenmutter nicht gezündet haben. –
Wie ich dann beim zukünftigen Gödn kniend mein Bittsprücherl hervorgebracht hatte und er seine freudige Zusage „göi, da mach ma uns an schöna Tag mir zwee!" gegeben hatte, ist es, nach ausgiebiger Bewirtung, wieder heimzu gegangen. Das Radlschieben auf die niederbayerischen Buckel hinauf ist mir zunehmend schwerer gefallen, obwohl jedesmal auf der andern Seite eine Talfahrt entschädigt hat. Ein erlebnisreicher Vakanztag war zu Ende gegangen.

Die Julisonne hat zunehmend die „Troada bloacht“, und der Vater hat beinah täglich einen Felderrundgang gemacht und bei Ähren und Körnern nachgeschaut, da brachte der Postbote eine Karte mit der freudigen Nachricht, daß unsere Tante aus München mit dem Vetter auf Besuch zu uns kommt. Unser Rappe ist vor das etwas größere Steirerwagl gespannt worden, weil meine Schwester und ich mitfahren durften, und dann ist's dahingegangen im Trapp, hinüber nach Kröhstorf zur Bahnstation. Wie nach dem Halten des Zuges die rußige Lokomotive und die Waggons mit Stuhlreihen drin wie in einer Kirche, genug bestaunt und der Besuch begrüßt gewesen ist, ging es heimzu.

Zum Fritzl, unserem Vetter in seinem städtischen Gewand, sind wir zuerst ein wenig respektvoll gewesen, aber nach etlichen Tagen hatten wir uns zusammengewöhnt und er hat überall mitgetan. Und als jetzt die Ernte gekommen ist, hat es Handlangerarbeiten grad genug für uns Kinder gegeben: Die Brotzeit und die Schepskrugel auf das Feld bringen, in unserem weiträumigen Obstgarten Äpfel zusammenklauben für die Schweine, besonders nach einem nächtlichen Gewittersturm, irgendwann auch das Butterfaßl rühren, damit etwas zum Aufstreichen dagewesen ist für die Arntleute, nachmittags beim Einfahren der Mehn die Bremsen abwehren, oder gar vorreiten und auf d'Nacht beim „Schöbern“ (Kornmandel aufstellen) die Garben halten. Es ist uns oftmals gleich zuviel geworden, weil wir ja Vakanzzeit hatten, aber da ist zum Ausgleich ein „gwandter“ (angenehmer) Auftrag ergangen: „Morgen derfts zum Krama gehn zun Einkaufa!“

Eine gute viertel Stunde haben wir dorthin gehabt, und schon von weitem hat man ihn erkennen können an der Aufschrift „Kolonialwaren-Handlung“ und an blechernen Reklameschildern. Im Laden, rechts von der Flöz hinein, da hat es für uns allerlei zu mustern gegeben: Das Petroleumfaßl mit der Pumpe im Eck hinten, in den Regalen die „gscheckatn Packl“ und über der Stange die Holzschuhe, Roßstriegel, Kuhketten und Maulkörbe. Nachdem wir unsere Sachen, einen Zuckerhut, die Kaffeerollen, die Kernseife und die Gewürztüterl in unseren „Zögera“ (geflochtene Tasche) hineingepackt hatten, da ist der Fritzl mit dem Markstückl von der Tante herausgerückt, und eine Riesen „Stranitzn“ voller „Guats“ hat die Kramerin uns dafür gegeben.

14 Dampfdreschen beim „Buchnerwirt“ in Reisbach/a. d. Vils (um 1910).

15 „Drischl-Drescher“ um die Jahrhundertwende.

16 Nachdem die Ernte eingebracht war, erhielten die Arntleut' ihren verdienten Lohn beim „Arntbier“ (1950).

17 Beim Kornmandlaufstellen (1940).

Wie beim Versteckerl-Auszählen haben wir dieses schon auf dem Heimweg redlich aufgeteilt, und ein schöner Vakanztag ist es gewesen!

Kinderspiele

„Jetzt ham ma unsanö Kinda so teuanö Spuisachern kauft, und dö spuin si mit dö Schachtln davo", ein Ausspruch aus unserer Zeit wohl!

Damals hat schon hauptsächlich die Phantasie herhalten müssen. Nach der Arnt sind noch etliche Vakanztage geblieben, die uns Kindern gehört haben, ohne daß es alle Augenblicke geheißen hat „daher, dös oder sell toa!" Und weil Kinder zu Kindern suchen und auf jedem Anwesen oder Hof ein ganzer „Schübel" dagewesen ist, drum ist es oftmals recht auftreibend hergegangen. Der Wieser-Hansl ist gar einmal in aller Früh schon durchs Misttürl des Roßstalles im Haus ausgerissen, weil die Hautüre noch verriegelt war, und er ist im Hemd zum Nachbarn hinüber. Und als er ums Nachtwerden einmal auch noch nicht ans Heimgehen dachte, und der alte Haslbeck-Vater ihn mit der Geißl „heimstauben" wollte – der Hansl hat selbstverständlich besser „stutzen" (laufen) können wie sein Verfolger –, da ist er ruckartig stehengeblieben und hat ganz treuherzig gefragt: „Ja, laufst ma leicht du bis zu mir hoam nach?"

Spiele haben wir uns genug gewußt, wir Kinder. Die einen haben mehr für die Buben getaugt, wie das Räuber- und Schandispielen, das Schussern, das Pickeln, eine Hollerstauernbüchsn machen oder ein Baumhaus bauen, oder im Weiher bei „Schnöbarötzn" (Kaulquappen) oder Fröschen nachschauen. – Die Dirndeln haben lieber „Verstackal" gespielt oder Ringelreihen getanzt: „Ringö, ringö reiha, sand der Kinder dreia, sitz' ma unterm Hollerbusch, schrei'n ma alle husch, husch, husch!"

Beim Reifentreiben, beim Stelzengehen, beim Wappeln und beim Versteckspielen waren Buben und Mädchen gemischt. Bei letzterem mußte zuerst ausgezählt werden: „1, 2, 3, und du bist frei, 4, 5, 6, und du bist weg, 7, 8, 9 und du mußt's sein!"

Spielplatz waren der große Obstgarten, die Ecken zwischen Holzschupfe, Backofen und Sauweide, an Regentagen auch der Stadel. Und sind wir hungrig und durstig dabei geworden, beim Frauenapfel- oder

Birnbaum und beim „Griachalbaam" (Mirabellenbaum) gabs Erfrischung zu holen. Und auch nach Feierabend, wenn die Leute von der Arbeit auf der Gredbank ausrasteten, da hatten es wir Buben noch wichtig beim „Rössalspielen", bis es der Mutter zu dumm wurde und sie rief: „Für heut' glangts, eina, Bamhacki (Schmutz) obawaschn und as Bett mit euch!"

Kräutersammeln und Schwammerlsuchen

Himmelfahrt, Mariä Sonnenschein, bringt guten Wein!

Zum großen „Frauentag", am 15. August, blühen die Kräuter am schönsten und ihre Heilkraft ist dreifach gesteigert. Ein Büschel mit 25 Sorten wird zur Weihe in die Kirche gebracht. Und wir Kinder haben sie damals recht gut gekannt, weil der Schneiderbauern-Franz einen Kräuteraufkauf betrieben hat. So ist für uns das Sammeln in den Ferien eine einträgliche Beschäftigung gewesen. Mit dem Leiterwägel sind wir losgezogen zu den Ackerrainen, in die Holzblößen hinaus: Rainfaden, Lab-, Johannis- und Tausendguldenkraut, Schafgarben, Spitzwegerich und Ehrenpreis sind in Fuhren heimgeradelt, auf dem Obern Boden im Schatten getrocknet und anschließend dem Franz verkauft worden. Unsere Sparbüchse hat sich gefreut!
Um Barthlmä, 24. August, gehen die Wetter heim, die Hölzer haben gedampft, und die Schwammerl sind buchstäblich aus dem Boden geschossen. Und klingt es heute auch wie Schwammerljägerlatein, aber wahr ist es trotzdem, streukörbweise sind sie in den Dickichten gestanden, die braunen Steinpilze und die Rehgeißel. Etliche frische Milchbrätlinge haben wir mitgenommen zum Braten auf der Kuchelofenplatte. Unser Großvater hat auf den Zimmererschragen lange Brettergestelle aufgebaut – der gestapelte Vorrat an „Schnittware" war dazu gerade recht –, auf denen dann die aufgeschnittenen Schwammerl gedörrt worden sind für den Winter. Und für eine gesäuerte Schwammerlsuppe mit Knödeln hat der Großvater jedes Fleisch „hintenlassen" (stehenlassen).
Um diese Zeit ist der Wind schon über die „Habernheilm" gestrichen, und auf den Bauernhöfen hat es das Arntbier gegeben mit Schweinernem und Schmalzgebackenem. Es war auch das Abschiedsmahl für

unsere Sommerfrischler aus München. Der Holzweber-Karl hat dabei auf seiner „Ziach" (Ziehharmonika) aufgespielt, und der Zaunreiter-Wast, ein wenig ein seltsamer Brocken, hat mit lustigen verdrahten Gschichtln unterhalten. Er war es auch gewesen, der, als er den ersten Doppeldecker hat fliegen sehen, den Ausspruch getan hat: „Zaubererbüchs, jetz hand z'Minga obm d'Mauerer mitm Grüst davon!"

Vakanzende

Wann die Drachen steign, sinkand d'Vakanzfreudn!

Wenn wir Kinder unsere selber zusammengebastelten Papiervögel vom Herbstwind zu den Schwalben haben hinauftragen lassen, die sich allmählich zur Abreise gesammelt haben, dann ist die Vakanzzeit dem Ende zugegangen. Schneider und Näherin haben das Schulgewand neu gemacht, gewendet oder umgerichtet, die Mutter aber hat jetzt darauf bestanden, daß der Schulpack hervorgeholt wurde und Tafel, Schwamm, Lappen, Griffel und Federn hergerichtet und die Bücher neu eingebunden wurden. Die Großmutter hat kontrolliert, ob das Lesen, Schreiben, Rechnen und auch die Bibel nicht ganz verschwitzt gewesen sind.

Ja, auch die große Vakanz hat ein Ende! Der Schneiderbauern-Luwal meinte zwar: „Es wär gscheita, wann dö Schuizeit a Untabrechung von da Vakanz waar, wie umkehrt!" Aber alleweil schön ist nie schön! Und so ginge es auch mit Urlaub und Freizeit.

St. Kilian (7. Juli) stellt d'Schnitter an

D'Arnt kimmt zura!

Wenn man Anfang Juli über die Felder schaut, kann man feststellen, wie die Sonne den Weizen schon gebleicht hat, wie sich die Gerste „einazahmt“, wie die Haferbreiten weiß werden. Freilich, auf den Mahdrescher darf das Getreide heute noch etwas länger warten, als damals auf die Sense oder die Sichel. Kornäcker sind rar geworden in unserer Zeit. Mit schwarzem Brot und roggener Kost haben es die Alten gehalten, das weiße, weizerne Brot, das ist heute gefragt.
Wenn ich mich zurückbesinne, wie wir Kinder auf den Feldrainen durch die erntereifen Äcker sind: die Dirndln haben ein Sträußerl gebrockt aus Korn- und Mohnblumen und Ackerkräutern, welche jetzt die Spritzmittel aufgearbeitet haben, wir Buben haben die Teufelshühner dort heraustreiben müssen, wo das letzte schwere Sommerwetter den Weizen hineingeworfen und zu Kapellen zusammengedreht hatte, – ja wenn ich zurückdenke und vergleiche: die „Troader“ (Getreidehalme) sind früher höher gewesen, oder bin grad ich gewachsen? Nein, es ist schon so, für den Mähdrescher züchtet man kürzere Sorten. „Heut müass'n sich dö Spatzn niedaknian, wanns an Woaz auspecka möchtn!“ sagt der Peislvater.
Auf ein langes Stroh ist damals viel Wert gelegt worden. Mit Stolz haben wir den längsten Roggenhalm unseres Ackers von über zwei Meter zur Naturkundestunde in die Schule mitgenommen. Das lange, resche Kornstroh hat nicht nur die Einstreu für das Vieh ergeben und das weizerne den „Schab“ (gehächseltes Stroh) für d'Roos. Auch die Strohsäcke der Betten sind gefüllt worden damit und die Stalltüren für den Winter abgedichtet. Die Weiberleut' haben sich einen Strohwisch gedreht zum Putzen, und auch den „Pfandschab“ hat der Bauer daraus geflochten. Hart hat man schon auf Körner und Stroh gewartet. Die Bäuerin hat der Mehltruhe oben auf der Diele schon auf den Boden gesehen, und der Hühnerweizen ist ausgegangen.
„Die Arnt derf zurakemma!“ hat's geheißen. Alles war ja schon dafür hergerichtet: Vom Vorgeher die Sensen und Wetzsteine, von den Knechten die Leiterwägen, vom Baumann die Roßgeschirre. Die

weiblichen Dienstboten haben die Klauberhackel vom oberen Boden heruntergeholt und die weiten Strohhüte und die Böhmtücher zurechtgelegt. Der Schmalzhafen der Bäuerin war zum Überlaufen voll; der Bauer hat sich auf dem Dingmarkt um einen schweren Arntknecht und um eine feste Arntdirn geschaut. Und jetzt hätten die Bauern noch so acht Tage eingesperrt gehört, so sagte man, weil sie es kaum noch erwarten konnten. Es ist halt lang, wenn man ein ganzes Jahr auf die Früchte seines Fleißes und Schweißes warten muß. Verschlafen hat keiner die Ernte, denn: *Wer die Arnt verschläft, den weckt der Winter auf!*

Ein Arnttag

Die ersten Birn bringt Margareth (20. Juli),
drauf überall die Ernt' angeht

Um halb vier Uhr in der Frühe ist der Ammerhofer mit seinen Leuten ausgerückt auf den Acker hinaus, auf welchem die Drahtgerste steht. Die Kleegerste dagegen brauchte noch etliche Tage. In Reih und Glied stehen Mahder und Mahderinnen. „Mir is d'Schneid' ausganga", hört man die Arntdirnen sagen. Der Ernteknecht geht ihr entgegen und wetzt die Sense:„Hast a hirte, hast a hirte, hast a hirte . . .", so kann man es jetzt alle Augenblicke hören. Um sechse, die Sonne ist schon eine Stunde am Himmel und beginnt den Tau aufzulecken, wird die Frühsuppe gebracht: Milchgrieß, Buttermilch oder eine Brennsuppe gibt's. Der Kumpf mit dem Wetzstein drin, er ist aus einem Ochsenhörndl oder aus Holz geschnitzt, wird in die Erde gesteckt, damit das Wasser drin nicht verschüttet wird.

Nach der leiblichen Stärkung geht es weiter mit der Arbeit. Und nach der Neunuhrbrotzeit, es gibt Bierbrocken, wird auf den Kornacker hinübergewechselt. Die Weiberleut' vertauschen jetzt die Sense mit dem Klauberhackl. Lang und schwer ist das Korn! Der Bauer hat es schon gewußt: Wer den Acker aus dem Leibtaschl düngt, der könnte die Ernte im Hosensack heimtragen! – Immer weiter arbeiten sich die Arntleute in das Kornfeld hinein, immer heißer wird es, und immer mehr müssen sie schwitzen. Mit der Ernte sind ja die „Hundstage" gekommen. Aber: *Hundstag hell und klar, bringen ein gutes Jahr!*

Alle sind froh, als um elf Uhr die Hausglocke zum Mittagessen heimläutet. Schweinernes gibt es und „Schluchsen“ (Schmalzgebäck) hintennach, der Scheps fehlt nicht. Nach der nötigsten Stallarbeit ist alles wieder draußen auf dem Feld. Die Sonne steht hoch, und die Kinder rennen mit der Schepskrugel. Die Klauberinnen müssen sich tummeln, daß sie den Mahdern nachkommen. Zum Schutz gegen das Kreuzweh und gegen das Schneiden haben sie einen Gürtel aus drei Halmen mit Ähren dran umgebunden. Um halb drei Uhr schreit der Vorgeher zur Brotzeit. Radi und Erdäpfikas gibt's zum Bauernbrot, aber das Trinken ist noch mehr gefragt. „Unsa Herrgott valaßt mi nöt“, sagt der Anderknecht, „hungert mi nöt, so dürst mi wenigstens!“ Die kurze Rast unter dem Holzapfelbaum am Ackerrain tut gut.

Auf d'Nacht wird mit dem „Schöbern“ (Kornmandel aufstellen) angefangen: Drei Garben in die Mitte, drüben und herüben zwei, und einen festen „Zaam“ (Zaum) aus zwei Halmbüschel herum, so stehen sie gut die Mandl, und der Bauer freut sich über die vielen und engen „Zeihen“ (Zeilen, Reihen), und ein wenig mit Stolz schaut er zum Nachbaracker hinüber, wo es dünner hergeht. Um sieben Uhr läutet's Gebet, und diese Zeit wird eingehalten, solange am Ammerhof, dem größten im Dorf, geerntet wird. Es geht heimzu auf den Hof zur „Aufd'nachtsuppn“, die Wegarbeitleute sind schon um sechse voraus. Wie es zum Nächteln anhebt, sieht man's übers Gerbauernholz hin „himmetzn“ (blitzen).

Wanns im Juli blitzt und der Schnitter schwitzt, es dem Bauern nützt!

Eing'fahrn wird

Anna (26. Juli) *klar und rein, wird 's Korn bald geborgen sein!*

„Nachbar, mei Barometa zoagt a schöns Wedda, was sagt denn da dei?“ schreit da Falterbauer in der Frühe zum Holzweber hinüber. „Ja, heunt werd 's Troad dö richtö Reschn kriagn!“ meint der drauf.

Die vier Ösen im Stadl sind hergerichtet und eingestreut, eine jede für eine Getreidesorte: Gerste und Hafer werden „rauh“ heimgefahren, Korn und Weizen in Garben. Der Hafer braucht neun Tau. Die Gerste mußte in manchen Jahren mit ungünstigem Wetter so oft zum Trocknen gewendet werden, daß sie mit lauter Umdrehen und Wenden

schon beinah in den Stadel gekommen wäre, wie man dabei sagte. Das „rauhe Getreide“ wird im Stock vom schweren Ochsen „einitreddelt“ (eingetreten). –
Beim Ammerhofer wird heute mit vier Leiterwägen Korn eingefahren. Der Bauer selbst reist mit dem leeren Wagen entgegen. Zwei Dirnen fassen auf dem Wagen, zwei Knechte geben mit der zweizurkigen Garbengabel auf, ein Bub darf „fürireitn“, einer wehrt die „Brema“ ab bei den Rössern. Gute „Roos“ sind es, und die ziehen „staad“ (langsam, vorsichtig) an. Schnell ist das „Fadl“ (Fuder) zehn Garben hoch. „Her mit Wiesbaum, Seil und Windlöffel!“ Das Fuder wird niedergebunden. Über das Tretbeetl hinaus muß „angehabt“ (gestützt) werden. Die Bäuerin erwartet die erste Fuhre am Stadeltor und besprengt sie mit Weihbrunn, weil: „Unter des Menschen Dach ist noch nicht unter des Herrgotts Dach!“ Der Arntknecht leert mit ein paar Leuten im Stadel ab. Zuerst geht es „getal“ (abwärts) in die Ös hinein, da ist es leicht, aber nachher übern Mitterbrettn und gar über eine „Bühn“ zum Katzenbretten hinauf, da braucht man „Irgsenschmöiz“ (Kraft). „Hebm“, sagt der Höizweber-Xaverl, „hebm kann i schwaar, gnedda (nur) d’Händ’ rutschn ma hi und da aus!“
Der Bindermann-Anderl räumt heute auch den Weizen von seinem Holzackerl ab, das eine gute Viertelstunde von seinem Zeugl weg ist, und auch bei ihm geht es beinah zu wie „beim Bauern z’groußn Tremmi“. Ein schönes Fuder mit sieben Garben hoch ist es geworden. Aber jetzt geht der Wiesbaum ab. „Wie söi i jetzad mit da offan, unbundna Fuhr üba dö Wasserfurgn vom Feld außikemma?“ sinniert er. Seine Zenz, die aufgelegt hat und ein schlechtes Gewissen, weil sie im Stadel vergessen hat, den Wiesbaum an den Wagen zu hängen, sie weiß einen Rat: „Wannst ganz schnöi fahrst, so hat dös Fadl überhaupt koa Zeit zum Ausanandaföin!“ Der Anderl hört auf sein Weib und treibt die Kühe an – und die Garben fliegen auf „Hand- und Woaraseitn“ vom Leiterwagen. Da hilft kein Lamentieren, es muß wieder aufgelegt werden, aber die schönen Weizenkörner auf dem Boden, die bei dem Malheur ausgefallen sind? Sein Weib weiß wieder einen Rat: „Da fahrst unsere Hühner heraus!“ So bringt der Anderl mit dem Schubkarren eine Kirm voller Hühner, mit einer „Blache“ (Tuch) ist sie zugebunden, auf das Holzäckerl. Aber die Hennen, von der Fahrt in der finsteren Kirm ganz blind geworden, „peggan“ (picken) nicht den ausgefallenen Weizen auf, sondern rennen wie narrisch dem Wald

zu. Da wird der Anderl „sirri“ (grantig): „I hans do glei gwißt“, schreit er, „99 Henna und oa Weib hand 100 Mistviecher!“
Lang ist so ein Einfahrtstag! 22 Fuhren sind heute beim Ammerhofer in den Stadel gebracht worden, und jedesmal hat es gerumpelt, wie wenn ein Wetter käme, bei der Fahrt über die hölzerne Tenne. Die Arntleut' haben sich am Hofbrunnen die von den Grahnen und Halmen ganz zerstochenen Hände und Füße gewaschen und sie sitzen nun auf der Gredbank. Vom Nachbarn herüber hört man noch einen Dengelhammer, und im Weiher hinten quacken ein paar Frösche. „Es wird morgen wieder ein harter Tag“, sagt der Ammerbauer.

's Arntbier

In der Arnt und in der Hoarrauf (Flachsraufe)
geht da Bäuerin ihr Schmöiz drauf!

Jeder Bauer hat getrachtet, daß bis Barthlmä hin (24. August), dem Tag des Ernteheiligen, eingeerntet war. Das „Arntbier“ setzte den Abschluß, und die Arntleut' haben sich alle darauf gefreut. Fröhlich ging es auch bei der letzten Fuhre Getreide zu. Ein Büschel Getreide blieb auf dem Feld stehen und wurde mit Feldblumen geziert. Das „Grecharat“ (liegen gebliebene Halme) wurde mit dem „Batznlippel“ (Holzdoppelrechen) zusammengezogen, zu Haufen gegabelt und eingebracht. Ährensammler und Gänse haben die liegengebliebenen Reste geholt. Die vier Ösen in der Scheune, voll bis über den „Katzenbretten“ hinaus, wurden heruntergemäht, damit der Dreschwagen dann gut hineinfahren konnte, und der Mesner, der das ganze Jahr über den Tag angeläutet, Gebet geläutet und auch die Wetterglocke gezogen hatte, er durfte sich jetzt seine „Läutgarben“ holen.
An Barthlmä sind die Wetter heimgegangen und mit ihnen hat sich die Angst des Bauern um die gut eingebrachte Ernte im Stadel verzogen; denn eine erntevolle Scheuer zog gern den Blitz an. – Nicht alle Jahre hat es eine reiche Ernte gegeben: Auswintern, Schauerwetter, Nässe und Auswuchs haben das heranwachsende Brot auf dem Acker bedroht. Um so mehr hat der Bauer sich jetzt über den Stadel voller Traid gefreut. Freilich, so reich wie es in einem Sprücherl heißt, ist selten ein Bauer gewesen: „A Bauer, der reich, hat vier Arna zugleich: Oanö

Da Denglhammer

Zwiefacher – Volksweise

Text und Fassung: J. Eberwein

Aus: Josef Eberwein: Lieder und Zwiefache. Das Holledauer Liederbuch. 1972

aufm Feld, oanö in barem Geld, oanö im Stadel und oanö auf am Troadbodn!" Und ein Bauer, der es mit seinem Herrgott gehalten hat und vorher um die Früchte der Erde gebetet hat, der hat auch jetzt den Dank nicht vergessen. An die fleißigen Arntleute aber wurde beim Arntbier gedacht: Was Kuchel und Keller haben geben können, das ist aufgetragen worden: Schweinernes und Schmalzgebackenes, Kuchen und „Tatschi", und der Wechsel am großen Bierfaß ist fleißig geronnen. „Ein Rausch ist besser als ein Fieber!" hat sich der Drittelknecht gedacht dabei. Die Mannerleut' haben von den Dirnen ein Seidentüchel fürs Wetzen bekommen, und der Bauer hat Arntknecht und Arntmensch ausgezahlt.

Alles hat sich gefreut, lustig ist es hergegangen und auch getanzt ist worden: „Ja, wei no wieda eing'arnt is!" war der große Aufschnauferer damals.

Heute fährt ein Mordstrumm Mähdrescher über den Acker, ein Mann darauf verrichtet an einem Tag das, wozu damals ein Haufen Leute mit Rackern und Schinden Wochen gebraucht haben, niemand mehr möchte wohl zurücktauschen. Ob aber der Landwirt in unserer technisierten Zeit auch noch so dankbar und zufrieden ist, wenn er sein Getreide produziert hat, und wenn der Wind über die „Habernheilm" geht?

So gehngan dö Gang

Aus dö Erlön unt' am Bachö
spitzt a moosbewachsns Dachö.
's Wassa gurglt über d' Daufön
vo dö glitschinga Radlschaufön,
und vornad auf am Ladöbrückö
steht da Müllna-Paul da dickö,
mustert d'Mehlsäck auf dö Wagn
und sagt: „So gehngan höit dö Gang!"

Von alten Müllnern und ihren Mühlen soll erzählt werden in diesem Gschichtel. Und da muß man zurückgehn in eine Zeit, in welcher die Bäuerin noch den Laib Hausbrot vor dem Anschneiden dreimal bekreuzigt hat, und zurückdenken, wie der Bauer, wenn er ins Ochsengäu oder zum Roßhandel gereist ist, sich ein Scherzel oder einen Keulen Brot in die Rocktasche gesteckt hat. Und in derselben Zeit, da ist die bäuerliche Großfamilie mit Ehehalten in der Frühe, mittags und auf d'Nacht zum eichenen Tisch im Herrgottswinkel gegangen und oft am Tag hat die Bäuerin in den Mehlhafen langen müssen. Darum ist eine gute Mühle im Dorf mit einem tüchtigen Müllner darauf lebensnotwendig gewesen.

Betrachtet man eine alte Karte, auf der die Mühlen mit dem Symbol des Mühlsteines eingezeichnet sind, so sehen Flüßchen oder Bäche wie Rott, Vils, Kollbach und Sulzbach einem Perlschnürl gleich, so viele Kundenmühlen haben dort vor einem Menschenalter gemahlen. Da haben die Müllner schon auf ihre Kunden schauen müssen. Und heutzutage? Fährt man auf den Straßen im niederbayerischen Hügelland talauf oder -ab, so sieht man zwar immer noch die Mühlgebäulichkeiten aus Büschen und Bäumen am Bach hervorspitzen. Aber schaut man sie sich näher an, dann sind sie meist schon vom „Eisenschepperer" (Eisenhändler) ausgeplündert und der Abreißtermin ist gar schon festgelegt. Manchmal kann man noch ein modernes Sägewerk antreffen, eine Turbine erzeugt Strom, aber Wasserradel läuft keines mehr, und die Mühle klappert nicht mehr am rauschenden Bach.

In d'Mühl fahrn

Ja gibt's denn epps Schöners,
wia 's Fahrn bei da Nacht,
wann da Hengst a so schreit
und da Wagn a so kracht!

Der Peißlvater von Griesbach – ab 1920 ist er Baumann gewesen auf dem Graßinger-Hof in Holzhausen – sagte dieses Schnaderhüpfel auf, und seine Augen leuchteten beim Zurückdenken an jene Zeit, und voller Stolz fügte er noch hinzu: „Und erst das Schnalzen mit der Goaßl und einen Triangel damit hauen!"
Auf Lichtmeßn, so ist es ausbedungen gewesen, hat er als Bama ein Paar lederne Stiefel vom Bauern bekommen, und die hat er natürlich auch angelegt, wenn er in die Mühle gefahren ist. Und weil der Graßinger auf seine „Roos" recht geschaut hat, sechs und eine Stute mit einem „Heißn" (Fohlen) sind im Stall gestanden, so ist im Sommer während der großen Tageshitze nicht eingespannt worden. Da ist der Bama beim Heimreisen hie und da in die Nacht hineingekommen und hat erlebt, was das Gstanzel eingangs besingt. Beim Graßinger sind „a Stuckra" fünfzehn Leute zum Tisch gegangen, und die Fleischtage im Jahr zur damaligen Zeit hat man leicht zählen können, darum hat es alle fünf Wochen geheißen: „Bama, du muaßt in d'Mühl fahrn!"
Die Knechte haben auf dem Traidboden mit der hölzernen Schaufel das Mahlgetreide in die hanfenen Säcke gefüllt, auf denen der Hausname und oft der Spruch „Gott segne Ackerbau und Viehzucht!" aufgedruckt waren. Sechs Säcke Roggen mit je 1½ Ztr. und drei Säcke Weizen von ebenfalls 1½ Ztr. haben eine Mühlfuhre ergeben. Vom Schrot des Oberen Bodens sind nachher die Säcke über ein Klobenradl zum Bruckwagen im Hof abgeseilt worden. An die 15 Zentner hat die Mühlfuhre gewogen, und manchmal sind noch etliche „Plunzen" (Rupfensäcke) Hafer oder Gerste zum Brechen mitgenommen worden, damit ein Futter dagewesen ist zum Ferkel- und Kalberl-Aufziehen. Der Peisl-Sepp hat währenddessen die „Roos" abgefüttert, eingeschirrt und eingespannt. Der Bauer hat ihm noch das Trinkgeld für den Mühlburschen mitgegeben, und dann ist es dahingegangen über Anterskofen, Günzkofen, Edenthal über die Reitbauern hinaus zur Einaugmühle nach Marklkofen. Weil der Sepp seine „Roos" nicht schin-

den wollte, brauchte er für die einfache Strecke von rund 10 km zwei Stunden. Der Lerbinger-Müllner hat damals schon auf Vorrat gemahlen, so konnte der Bama gleich wieder eine Fuhre Mehl mit nach Hause nehmen, und die Graßingerin hat zufrieden auf die volle Mehltruhe geschaut.
Auch ich denke gerne zurück ans Mühlfahrn: Wenn wir besonders brav waren, wir Kinder, so durften wir zur Belohnung mitfahren mit dem Vater und unserem Rappen nach Emmersdorf zur Mühle. Und ist es gar auf der Ebene im Trapp gegangen, so daß uns auf der „roppadn" (holprig) Straß' die Zähne schepperten, dann war es besonders schön.

Ein alter Mühlknecht erzählt

Das Müllerleben hat Gott gegeben,
das Mahlen bei der Nacht hat der Teufel aufgebracht!
(Hausspruch auf einer alten Mühle)

Ein sonniger Herbsttag ist es gewesen, da habe ich den Alois Bauer, einen rüstigen Achtziger und ehemaligen Müllner in der Breitenbacher Mühle am Sulzbach in Sankt Georgen aufgesucht. Auf der Gredbank vor seinem Austrägler-Häusel ist er gesessen, die Sonne hat warm hergeleuchtet, und er hat hinübergeschaut zum ziegelroten Mühlgebäude, hat zurücksinniert und angefangen zu erzählen:
„Zusammen mit einem Mühlknecht haben wir in zwei Schichten unsere Mühle betreut und sie ist nicht schlecht eingerichtet gewesen: ein Schrotstuhl, ein Porzellanstuhl zum Ausmahlen und ein Stuhl mit einem ‚französischen' Stein zur Feinausmahlung. 1926 hätte ein Hochwasser nach einem heftigen Wetterregen bald die ganze Mühle ‚davongschwoabt'. Ja", meint er, „der Müllner hat vom Wasser gelebt, er mußte auch mit dem Wasser leben! Das Gefrette im Winter mit den Eisschollen! Und erst das Enteisen vom Wasserradl! Gott sei Dank haben wir nachher bald eine Turbine gekriegt und auch einen Dieselmotor für die wassernotigen Zeiten. –"
„Ich habe meistens Nachtschicht gemacht", berichtet der Alois weiter, „beim Tag habe ich den Schlaf hereingeholt. Aber auch unter der Nachtschicht hat es hie und da ein Stünderl Schlaf gelitten, die Glocke hat ja automatisch gemeldet, wenn der Mahlstuhl leer war. Ich habe

mich samt dem Gewand aufs Bett im Mühlstüberl gelegt. Oftmals habe ich auch hinausgeschaut zum Fensterl in die stille Nacht. Alle heiligen Zeiten ist oben auf der Landstraße ein Automobil vorbeigefahren. Das ist damals schon etwas zum Schauen gewesen! Grüabig (gemütlich) ist es auf d'Nacht zugegangen in der Mühle, besonders im Winter, da sind die Dorfburschen zusammengekommen, und wir haben Karten gespielt. Tagsüber sind die Kunden angefahren, und oft ist ein Bauer an der Konkurrenzmühle vorbei und hat den weiteren Weg zu uns her nicht gescheut." Seine Augen leuchten, wie er das erzählt, der alte Mullner. „Auch ein arbeitsloser Mühlbursch hat irgendwann zugesprochen. Hatten wir auch keine Arbeit für ihn, so wußte er doch allerhand zu berichten, er hat ein Fuchzigerl gekriegt und ist weitergezogen. Jeden zweiten Samstag ist für mich Freischicht gewesen. Da habe ich rechtzeitig Feierabend gemacht, bin ins Wirtshaus gegangen und darauf noch ans Kammerfenster von meinem Weiberleut. Nein, langweilig ist das Müllnerleben gewiß nicht gewesen!"
Die Breitenbacher Mühle wurde nach dem 2. Weltkrieg stillgelegt. Der jetzige Besitzer betreibt eine Säge, und die Turbine liefert über einen Generator Strom ins Verbundnetz.

Geheimnisvolle Mühle

„Ans Elektrische glang i nöt hi, dös muaß dö Mei macha, damit a Mo im Haus is, föis epps passiert!" Dieser Ausspruch stammt wohl aus einer Zeit um die Jahrhundertwende, in der zu der Mühle das „E-Wergel" dazukam – und den Leuten im Dorf und auf den Einöden draußen das elektrische Licht aufgegangen ist. Rar ist es oftmals nicht gewesen, es hat mehr geglüht als geleuchtet, wenn ein schwerer Motor beim Stöcke- oder Futterschneiden in der Leitung hing.
Auch die Sägemühle mit Einspann-Gatter ist aufgekommen, und der Holzbauer hat sich Bretter und Latten schneiden lassen; es ist ja genug zum Ausbessern gewesen am niederbayerischen Vierseithof mit seinen hölzernen Gebäulichkeiten. –
Der Sagmüller-Matthä von Obergrafendorf ist an einem nebligen Novembertag – so um halb acht Uhr auf d'Nacht ist es wohl schon gewesen – am Bach entlang von der Arbeit heim und hat in der einen Hand seinen Hackelstecken, in der zweiten die Sturmlaterne ge-

schwungen. Der Hofwimmer, welcher zur selbigen Zeit voller „altem Bier“ auf dem Weg war, ist im Galopp zu seiner Bäuerin heimgerannt, nachdem er das vermeintliche Weizlichtl erspäht hatte und der ganze Bierdunst war augenblicklich verflogen. Am Abend darauf wurde vom Dorf her – und die Neugier vergrößerte den Haufen der Späher – ebenfalls die Weiz beobachtet, bis dann etliche beherzte Burschen der Sache auf den Grund gingen und sie aufklärten.

Weil die Mühle am Bach meist außerhalb des Dorfes lag und auch nachts ratterte – auch von Staubexplosionen gab es Kunde – und weil man manchen Müllnern das Stehlen nachsagte, gab es Mißtrauen bei den Leuten: „Dös werd guat sei, daß dö Säck nöt schmatzn kinnan“, hat der Oberhuber festgestellt, als er von der Mühle heimzufuhr. „Aber die Müllner stehlen nöt, die Bauern bringen's ihnen ja!“ hat er weiter überlegt. Der Müller aber hat sich solchen Anfeindungen gegenüber gerechtfertigt: „An Dreck bringens oft die Bauern und möchten a schönes weißes Mehl dafür!“ – Jedenfalls ist früher geglaubt worden, manche Müllner hättens mit dem Sparifankerl und sie könnten aus Steinen Mehl mahlen, das bei den Kunden nachher zu Ruß wird. –

Unser technisches Zeitalter mit dem Trend zum Großbetrieb hat eine Kundenmühle nach der anderen eingehen lassen. Dem Müllner seine Gänge stehen, Mehl und Brot werden als Industrieprodukt gekauft. In die Mühle wird nicht mehr gefahren!

An Barthlmä gehn d'Wetter heim

Es hirgstelt, wos d' hieschaust,
wann Barthlmä kimmt.
Es stroaft üba d'Hailma
höit scho da Hirgstwind.

Dö Tag, do wern kürzer
und zeitig dö Pflaum.
Dö Zugvögl sammön,
und d'Wedda geh'n hoam

Das Fest des Apostels Bartholomäus wird am 24. August gefeiert. In meiner Heimatkirche zu Pörndorf im Kollbachtal ist er Kirchenpatron. Ein Bild, einst auf dem neuromanischen Hochaltar, jetzt an der Längswand des Kirchenschiffes, stellt den Heiligen mit einem Messer in der Hand dar. Dieses Attribut weist auf sein Martyrium hin: Bei lebendigem Leib wurde ihm in Armenien, wo er Christi Lehre verkündete, die Haut vom Leibe gezogen. Anschließend wurde er ans Kreuz geschlagen. – So weiß es die Legende zu berichten.
Wie der Barthlmä-Tag sich verhält so ist der ganze Herbst bestellt, sagt eine Bauernregel und erinnert daran, daß eigentlich jetzt schon der Herbst beginnt, nachdem eingeerntet ist und der Wind über die Haferhalme weht. Dieser trägt auch die Papiervögel der Kinder in die Lüfte zu den Schwalben, die allmählich sich zum Abflug sammeln.
Um diese Zeit ziehen noch häufig Wetter auf, aber schon heimzu. Und: *Donnert eines schon in der Frühe, so kommt es neunmal am Tage* oder *Die frühen Bettelleut' und die frühen Wetter kommen mehrmals am Tag!*
Der Landmann hat die Feuchte, welche sie bringen, gern für das Wachstum des Herbstfutters, aber auch, damit er Stoppel- und Kleefelder umbrechen kann mit dem Einscharpflug. In manchen Jahrgängen nämlich bescherte der Apostel die unerwünschte Barthlmä-Sperre, eine Trockenperiode, welche diese Arbeiten oft unmöglich machte mit dem damaligen Ackergerät. Andererseits aber waren die Wetter um Barthlmä gefürchtet. Die Scheunen sind bis zum First hinauf mit Erntegut gefüllt und ziehen deshalb gerne den Blitz an. Und manche

frühherbstliche Wetterfront, welche in diesen Tagen über altbayerisches Bauernland hinweggezogen ist, hat mehrere Höfe in Flammen aufgehen lassen.

Es brennt!

So ist auch einmal nach so einem nachmittäglichen Barthlmäwetter ein schwarz-gelb qualmender Rauchpilz über dem Gerbauernholz aufgestiegen. Beim Schüilöder, einem Einödhof auf einer Bergkuppe, hatte es eingeschlagen. Der zweitennige, mächtige Getreidestadel brannte hellauf. Der alte Schüilödervater hatte es, unter der Haustüre stehend, genau beobachtet: „Er (der Blitz) ist alleweil rundum und rundum und nachert pfeilgrad auf unsern Stadel nieder", so berichtete er.
Ein anderesmal, es war in schwülwarmer Spätaugustzeit gewesen, auf unserem Hof war nach einem arbeitsreichen Tag alles schon zeitig ins Bett gegangen, obwohl es im Wetterwinkel „himmetzte". Wir waren kaum eingeschlafen, da weckte uns der Vater, weil der Donner immer stärker rumorte. Wir standen auf, zogen uns alle an und versammelten uns in der Stube. Die Großmutter, deren Gehwerk schon etliche Jahre versagte, wurde von der Austragsstube heruntergetragen. Die schwarze Wetterkerze, von der letzten Ötting-Wallfahrt mitgebracht, sie flackerte auf dem Tisch und erhellte die geräumige Stube kaum. Der Müllner hatte das Elektrische bereits ausgeschaltet.
Um so gleißender erleuchteten jetzt die Blitze den Raum, und der krachende Donner folgte in immer kürzeren Abständen. „Heiliges Kreuz!" entfuhr es dabei unserer Großmutter jedesmal. Weil das Wetter schärfer wurde und noch immer kein Tropfen Regen fiel – die trockenen Wetter sind die gefährlichsten –, begannen wir mit dem Beten: „Daß du uns vor Blitz und Ungewitter bewahren wollest . . ." Und dabei krachte es, daß die hölzernen Hauswände erzitterten und die Fensterscheiben klirrten. Unheimlich, so eine Wetternacht! Endlich prasselte der schwere Regen hernieder, man hörte „die Schoar" (Dachrinne) gehen und hoffte, daß sich das Gewitter jetzt entschärfen würde. Während wir alle in der Kachelofenecke zusammengekrochen waren, meine Schwester hielt sich die Augen zu, um das Blitzen nicht sehen zu müssen, ging der Vater unruhig von einem Fenster zum andern und schaute hinaus in die Wetternacht. „Gegen den Habach hin

hat's eingeschlagen!" rief er plötzlich. Wir rannten zum Fenster und sahen die glutige Brandröte über das Scheunendach hin aufsteigen. Der Vater nahm den Hut vom Türhaken, holte in der Flöz draußen die Überjoppe und rannte los. Einem Brandleider eiligst beizustehen, das war Christenpflicht. Auf den besorgten Einwand der Mutter „und wenn bei uns noch was passiert?" erwiderte er, schon bei der Haustür hinaus: „Das Schlimmste, hoff' ich, ist schon vorüber!"
Auch unser Arntknecht, der sonst bei leichteren oder fernen Gewittern ein loses Mundwerk hatte und dabei kommentierte: „Der Himmivater tuat Kegl scheibn", oder: „jetzt laufan dö Heilinga im Trapp!" –, er ist in dieser Nacht recht kleinlaut gewesen und ist mit dem Vater mit. Beim Spöll in Habach brannte der erntegefüllte Stadel lichterloh, und die letzten mit Getreide beladenen Wagen, die auf der Tenne standen, wurden mit ein Flammenraub. An dem Tag hatten die Spöll-Leute eingeerntet gehabt und voller Freude darüber sind sie noch beim Erntebier in der Stube gesessen, als der zündende Strahl herniederfuhr. „Unter des Menschen Dach ist noch nicht unter des Herrgotts Dach!" sagte meine Großmutter immer.

Der Hausbrunn

Bei Scheunen-Bränden war es in erster Linie eine Wasserfrage, ob der Brandherd lokalisiert und die anderen Gebäude des niederbayerischen Vierseithofes gerettet werden konnten. Auch Nachbargehöfte, wenn sie in nächster Nähe standen, konnten erfaßt werden. Zwar hatte zu meiner Kinderzeit schon beinah jeder Weiler eine eigene freiwillige Feuerwehr. Und die Männer hielten sich an ihren Wahlspruch auf dem Koppel „Gott zur Ehr', dem Nächsten zur Wehr!" Auch eine Hochdruckspritze besaß diese, sie mußte freilich noch von vier Mann per Hand bedient werden. Der Herantransport mit Pferden dauerte seine Zeit. Die Kernfrage war aber, ob genügend Löschwasser zur Verfügung stand. Zwar waren auf jedem Hof genügend Leute vorhanden, und so konnte man bis zum Eintreffen der Feuerwehr einstweilen mit Wassereimern Rettungsversuche an Nachbargebäuden unternehmen. Was aber, wenn Wassernot herrschte? – Gehöfte und Dörfer an Wasser führenden Bächen waren gut daran. Manche Höfe, die in der Talsohle lagen, hatten einen Weiher mit „Brunnfluß" dabei. Schlecht

sah es dagegen auf den Berghöfen aus. Die Wassergrube wurde dort von den zusammengeleiteten Dachrinnenabflüssen gefüllt, vorausgesetzt es regnete genug. Was aber, wenn nach der Barthlmäsperre dieser Speicher leer war? Daß man in dieser Not sogar mit Jauche versuchte, das Feuer einzudämmen, ist erzählt worden aus einer Zeit, wo die Feuerwehr keine Tanklöschfahrzeuge hatte, die Motorspritze, mit der man Wasser über Kilometer pumpen kann, noch nicht erfunden war und die Wasserversorgung überhaupt recht im Argen lag.
Wie sah es tatsächlich aus zu Großvaters Zeiten mit der Wasserversorgung in Einöden, Weilern und Dörfern?
Unsere Familie zuhause versorgte der Hausbrunnen, mitten im Hof gelegen und 12 Klafter tief, wie mein Großvater behauptete (1 Klafter = ca. 1,90 m). Er war von der eichenen Brunnenstube aus aufwärts mit Ziegeln trocken heraufgemauert und hatte ein hölzernes Geschöpf. Weil beim Schöpfen damit – man zog an einem Hebel mit Gegengewicht – eine rund 20 Meter hohe Wassersäule gehoben werden mußte, bedurfte es allerhand Anstrengung. So mußte das Wasserschöpfen fürs Vieh (dreimal am Tag!), zu dem in den Hauptarbeitszeiten und in den Ferien auch wir Kinder herangezogen wurden, uns schon recht eindringlich angeschafft werden. Meistens besorgten wir es dann zu zweit, der Helfer hängte sich noch an einen Strick. Das Wasser lief entweder aus dem Brunnendeichenrohr, oder, wenn dieser verstopselt wurde, in den Grand im Stall oder in der Flöz. Und gutes Wasser lieferte er, unser Brunnen, so daß in heißen Erntetagen ein Schluck brunnenfrisches Wasser aus der steinernen Krugel dem oft nicht mehr so kühlen Scheps vorgezogen wurde.

Brunnenrichter und Brunnengraber

Nun konnte es aber passieren, daß das Brunnengeschöpf plötzlich überraschend leicht ging und – kein Wasser mehr floß. „Der Brunn ist brocha, höits glei an Riegavatern!“ war der Notruf in solcher Lage. Der alte Rieger von Habach war Spezialist für den Bau und das Richten von Brunnengeschöpfen. Der hölzerne Brunnentrieb wurde aufgebaut und alle vorhandenen Heuseile sicher verknotet. Mit einem Kerzenlicht versehen, fuhr der Rieger auf einem an das Seilende geknoteten Prügel sitzend in die Tiefe, zwei Mann ließen am Brunnentrieb vorsichtig nach. So gern wir Kinder dem Brunnenrichter bei seiner Fahrt in die Tiefe nachgeschaut hätten, wir wurden ganz energisch vom Vater zurückgewiesen. Als schon fast das ganze Seil von der Winde abgerollt war, hörten wir aus tiefer Ferne: „D'Brunndeicha ist z'rissn!“

Nachdem der Spezialist wieder heraufgeholt war, wurde mittels des Brunntriebes das ganze Geschöpf, die hölzernen Stangen und Deichen der Reihe nach ebenfalls hochgeseilt. Eine neue Brunnendeiche mußte gebohrt werden mit dem mehrere Meter langen Brunnen-Neiger. Bis unser Hausbrunnen wieder Wasser lieferte, da konnten schon zwei Tage vergehen. Das Trinkwasser ist in dieser Zeit vom Nachbarn geholt worden. Für sonstigen Bedarf, vor allem für das Vieh, mußten die Reserven in den Wassergranden, in Zubern, welche stets unter den Dachrinnen standen, und aus der Hausgrube herhalten. Vor vierzig Jahren etwa wurde das hölzerne Schöpfwerk gegen ein eisernes vertauscht. Der Sailer-Toni, ein „Machalles“, hat es elektrifiziert. War das ein Aufatmen, kein Wasserschöpfen mehr! Heute besorgen eine Tiefbrunnenpumpe und ein Druckkessel die Versorgung aus dem noch immer Wasser spendenden Brunnen.

In der Zeit des Hausbrunnens war nicht nur der Brunnenrichter, sondern auch der Brunnengraber ein gefragter Mann. Da darf der Bitzl-Sepp aus Griesbach nicht unerwähnt bleiben, Gott hab' ihn selig!

Kräfte hatte der große, hagere Alte mit dem sonnengegerbten Gesicht, daß man staunen mußte. Wie er selber erzählte, hätte er in seinen jungen Jahren einmal auf dem Jahrmarkt einem großmäuligen Ringer beinahe die Knochen zu Mus gepreßt. Ein andermal hat er einen beladenen Heuwagen, einer Wette wegen, den Pielberskofener Berg hinaufgeschoben.

Ein Brunnengraber von Gottes Gnaden war er. Die Rute in seinen Händen zeigte auf den Zentimeter genau an, wo unterirdisch Wasser floß, und auch die Tiefe konnte er voraussagen. An die 130 Brunnen hat er in seinem Leben gegraben, der tiefste bis 60 Meter hinab. Wenn er in seinem Brunnenloch schaufelte und die Kübel füllte, dann lachte er verschmitzt zu den Gehilfen am Brunntrieb hinauf: „Enk zwee arbat i auf!“ Seine Erklärungen fürs Brunnenbauen waren fachkundig und präzise: „Hast mi? – Dös sag i da glei! – Vastehst, hast ghört! – Da legst di nieder!“

Eine wesentlich bequemere Wasserversorgung war das sog. laufende Wasser. Es kam aus einer Quelle, meist in einem höher gelegenen Waldstück, lief in eine Reserve und von dort an die Zapfstellen. Ähnlich war die Versorgung mit Hilfe des Widders, eines Stoßhebers. Der hydraulische Widder ist von Montgolfiere 1796 erfunden worden. Er kann bis zu 29 Kubikmeter Wasser pro Tag bis zu 60 Meter hoch heben. Die geringe Druckhöhe von der Quelle bis zum Widder kann um das fünf- bis zehnfache gesteigert werden, wobei nur ein Zehntel der Wassermenge gehoben wird.
Wenn wir Kinder mit dem Vater zur Mühle durchs Habachtal fuhren, kamen wir an der Widderstube des Beiglsepperlhofes, der hoch am Berg liegt, vorbei und hörten das geheimnisvolle sekündliche Schlagen des Widders.
Ein Meister im Widderbau und -richten ist Ludwig Bachmeier aus Oberhausen gewesen. In seinen originellen Rechnungen, er war sich wohl seines Könnens mit Recht bewußt, erschien zum Beispiel: Meister selbst gemacht 1,50 Mark, oder: einmal durchs Dorf gegangen 1 Mark. –
Denke ich zurück an die Fahrten zu meinem Firmgöden in Neukirchen bei Pfarrkirchen im Rottal, so sehe ich noch die dortigen Berghöfe, überragt vom Windbrunnen, vor mir. Bergbrunnen waren meist tief, auf der Höhe aber ging gern der Wind. Da ist so eine Windturbine schon sehr praktisch gewesen. Der Windbrunnen hat ebenfalls in eine Reserve gepumpt, eine Blechfahne hat automatisch nach Windrichtung und Stärke gesteuert, und ein Handgeschöpf ist für windstille Zeiten dagewesen. Einen richtigen Ziehbrunnen, vierzig Meter tief, hat der Gerbauer gehabt. Mit Winde, Kette und Eimer mußte das Wasser mühsam herausgeholt werden. –
Weil bei Brandunglücken natürlich auch der Brunnen als Wasserquelle eingesetzt worden ist, sind wir auf diesen zu sprechen gekommen. Aber nicht nur hier war er unentbehrlich. Die Wasserkrugel mit frischem Brunnenwasser ist früher stets auf der Stubenbank oder dem Tisch gestanden, genau so wie der Brotlaib im Tischschubladen seinen Platz hatte. Ein Scherzel Brot und ein Trunk Wasser, das ist einmal für jeden Gast feil gewesen auf dem Bauernhof.

Wanns einwärts geht

Da Wind stroaft üba d'Hobernhailm,
schö staad gehts einwärts zua.
Dö letztn Schwalberl wern nimma lang bleibm,
nebli und taufrisch is in a Fruah.

Der Herbstanfang steht am 23. September auf dem Kalender, aber schon an Maria Geburt (8. September) sind die ersten Schwalben wieder fort, und an Maria Namen (12. September) sagt der Sommer sein „Amen".

Schaut man hinaus in der Früh, „es hirgstlt": Die Sonne muß sich durch den Nebel raufen, damit sie heruntersieht auf die abgeernteten und umgeackerten Felder. – Nach Urlaub und Vakanz geht es wieder richtig auf in den Betrieben und Ämtern, und ein neues Schuljahr hat begonnen. Mit dem Bauernjahr aber geht es einwärts zu, jedenfalls ist es früher so gewesen, als es noch zu Lichtmeß begonnen hat.

„In der Arnt is dö hirter Arbeit im Jahr und im Hirgst dö meiste!" so hat es damals gegolten. Aber die harte Arbeit hat auch den Lohn gebracht und Stadel, Keller und Vorratskammern gefüllt.

Da Dampf

Wir Buben harrten in dieser Zeit schon sehnsüchtig auf einen Tag, der für uns einer der schönsten des Jahres gewesen ist und nur noch vom Christkindltag übertroffen wurde. Es war der Dampfdreschtag!

Gleich nach Barthlmä hat man den Pfiff des „Dampfes" (Dampfdreschmaschine) gehört, und jeden Tag ist er näher gekommen. Allerhand Vorbereitungen in Kuchel und Stadel sind dem Dreschen vorausgegangen: Die Mutter hat einen festen „Fetzer" Weihbrunn in die Brotbacht, damit sie ja geriet, und im ganzen Haus duftete es nach Kuchen. Der Vater hat mit dem Knecht in der Scheune „d'Bühn" (über der Tenne) für den Dreschwagen hergerichtet. Dann endlich ein langer Pfiff beim Nachbarn drüben: 's Dreschen is gar!

Da hat sich etwas gerührt jetzt im Hof: Die Drescherleut' vom Staub

fast so schwarz wie die Rauchfangkehrer, kamen vom Dreschwagen heruntergekraxelt und aus dem Stadel. Mitten im Hof stand der „Dampf“, sein Schlot war schon umgelegt, Ochsen- und Roßgespanne und natürlich wir Kinder standen bereit. Der großmächtige Dreschwagen wird zuerst weggefahren. Der Flori, der „Schwoarzmoarbama“, spannt seine Roß' an die Dampf-Deichsel: „Kinder, gehts z'ruck“, mahnt er, „und machts ma d'Roos nöt narrisch!“ Er tätschelt nochmals seine Bräunl und fordert auf „wüa, Buama, gehn mas o!“ Die Pferde legen sich gleichzeitig in den Kummet und spreizen sich ein, und der „Dampf“ bewegt sich, und die breiten, eisernen Dampfräder knirschen durch den Kies der Hofausfahrt. –
Der Vater erwartet die „Maschin“ am Stadeltor, die Mutter steht mit der Bierkrugel da. Ein Rumpeln über dem Tend, wie wenn ein Wetter käme, und der Dreschwagen steht auf seinem Platz. Mit schweren Winden richten die drei Maschinisten, der Rieger Franz, der Dampfheizer und die zwei Eingeber, Dampf und Dreschmaschine nach dem Treibriemen aus, spreizen da und dort unter und verkeilen. Erst nachdem alles fertig hergerichtet ist für den kommenden Dreschtag, verlassen sie unseren Hof. Und darauf haben wir Buben gewartet. Jetzt ist der „Dampf“ so richtig gemustert worden, die glänzenden Uhren, Schrauben, Hebel und das blitzende Gestänge. Und den Wieser-Hansl juckt es, er legt den Pfeiferlhahn um. Aber kein lauter Pfiff mehr, grad noch ein Blasen und Fauchen, der Dampf ist schon zu wenig! „Wir kunntn no aufhoazen“, fällt dem Schneiderbauern-Natzl ein. Aber der Vater hat unser Vorhaben bemerkt. Die Nachbarsbuben werden heimgeschafft und wir ins Bett, es nächtelt ja schon.

's Dreschen beginnt

Alloa dreschn und alloa singa
bringt koa Korn und koanö Kinda!

Es ist noch „grawla“ (dämmerig) draußen, da reißt uns Buben ein „gacher“ (schriller) Dampfpfiff aus den Betten. Ein Blick aus dem Fenster: Im Hof schiebt der Dampfheizer einen Holzquirl nach dem andern in den feurigen Schlund, und aus dem Dampfrauchfang qualmt es schwarz. In der frisch ausgeputzten Stube dampft die Kaffeeschüssel auf dem Tisch, er ist heute mit einem weißen Leinentuch gedeckt. Die Drescherleut', denen tags zuvor eingesagt wurde, kommen zur Suppe. Bald drauf schafft ein zweiter Pfiff zur Arbeit. Wir Buben sind längst draußen beim „Dampf". Tsch-tsch-scht, Dampfwolken hüllen uns ein, der Dreschwagen fängt an zu „surma" (summen), die Maschine läuft.

Der Vater teilt die Drescher ein: D'Schneiderbauern-Nanni trägt traditionsgemäß mit der Kirm das „Amm" (Spreu) ab, drei Mannerleut' mit „Irgsenschmoiz" (Kraft) steigen in die Ös hinein zum Herauswerfen, auf die Bühne kommen zwei Weiberleut' zum Garbenaufschneiden und Zureichen. Ins „Rauchloch" müssen fünfe hinter, drei fangen das Stroh auf und zwei drehen Bänder für die „Schin" (Strohbündel). Weils dort besonders staubt, hat man wohl den Namen „Rauchloch" aufgebracht. Die erste Ös, es ist das Korn drin, wird ins Freie gedroschen. So türmt sich bald hinter dem Stadel ein Riesen Strohhaufen auf, ein Sammelplatz für die Kinder: aufisteign, obarutschn, Gang baun und durchischliefa, – weils da koa Hetz gab! Uns Buben aber zieht es bald wieder zum Dampfheizer in den Hof. Wasser aus dem Weiher holen, Holz herbei tragen, solche Arbeiten machen heute eine Freude und beinah wird drum gerauft. Dann der Geruch vom warmen Öl! Wer möchte nicht einmal Dampfheizer werden! – Die zwei Maschinisten wechseln sich stündlich auf dem Dreschwagen beim Eingeben ab. Der Freischichtler hilft dem Traidabtrager die schweren Getreidesäcke oder Plunzen aufschultern. Auf dem Traidboden wachsen die Körnerhaufen.

So ein Dreschtag von sechs Uhr früh bis sechs Uhr abends, Altweibersommerwärme dazu – der September soll ja braten, was Juli und August gekocht haben –, da gibt es Hunger und Durst! Drescher sind gute Esser! Um neun Uhr vormittags und um drei Uhr nachmittags pfeift der „Dampf" zur Brotzeit, um elf Uhr zum Mittagessen, da gibt's Schweinernes mit Knödel und mit Bier wird „nachigschwoabt". Ein langer Pfiff auf d'Nacht beendet den Dreschtag und ruft die Leute, die verschwitzt und staubig aus dem Stadel kommen, zum Drischlmahl. Die Mutter, noch ganz rot im Gesicht von der Schmalzpfannenhitze, lädt ein zu Züngerl und Krapfen, Äpfikoch und Schnittel, Fensterl und gefaulte Erdäpfel, Bavösn und Tatschi, Kuchen und Äpfelradel. Für die Kinder zuhause gibt es noch ein Drescherpackl mit. Nach dem Beten wird aufgebrochen.

Das Dampfpfeifen hat sich von Tag zu Tag weiter entfernt. Heute ist es ganz verstummt. Kinder hätten Grund ihm nachzutrauern, die Drescher bestimmt nicht.

Wo da Bartl an Most holt

Wann der September noch donnern kann,
setzen die Bäume viel Blüten an!

Ein richtiger Bauernhof ist umgeben von einem weiten Obstgarten mit ausladenden Bäumen. In der warmen Septembersonne lacht es dann rot, gelb und blau von den Obstbäumen herunter: Zwiefeläpfi, Moarschanzgal, Lederäpfi und Süaßling. Die schönen werden gebrockt und aufgehoben für den Winter, die kleinen und wurmigen heruntergebeutelt und zusammengeklaubt für den Most. Im Gewölbe drinn' steht die Quetsche und die Presse. Mit jedem Dreher der Spindel läuft der „Bibalmost" (Apfelsaft) – zuckersüß ist er – dick hinein in die „Stützn" (Melkeimer), und im Keller füllen sich die eichenen Faßl. Und von da holt sich der Bartl den Most, zwei Krugeln voll, wenn er im Auswärts mit der Mehn hinausreist aufs Feld, eine stellt er unten hin und eine oben und bei jedem „Einakehrn" muß er einen Schluck nehmen. Aber auch zur Winterszeit beim Hoagarten oder beim Schlankeln macht der starke Most „gschmatzig" (gesprächig).
Auch die Zucker-, Habal-, Wasser- und Schererbirn auf den riesigen Bäumen hinter dem Stadel werden jetzt „zeitig". Zum Zammrechen dicht liegen sie im Gras, und die Impen und Wespen haben es ‚gnädig' „Ziag d'Höizschuah an beim Zammklaubm!" mahnt die Mutter, „daß die koaner heckt (sticht)!" – Ganze Streukörbe voll Birnen werden zum Dörrofen gebracht, weil ja ein jedes zu Weihnachten ein saftiges Kletzenbrot möchte, und die „Kletznbrüh"' zu den Mehlspeisen wird auch nicht verachtet. – Der Großvater ist noch „machtig" (rüstig) genug für den Dörrofenheizer: Einfüllen, Umschichten, Ausleeren und Schüren heißt es da. Auf d'Nacht werden ganze Weidling voll Äpfelspeitel geschnitten, und die Hauszwetschgen sind auch schon so weit. Die dreiteilige Truhe auf dem oberen Boden ist sowieso schon leer. Und zum Kirta solls doch „Bovösnschnittel" und „g'faulte Erdäpfi" geben und dazu braucht man halt Dörrzwetschgen.

Über das Streuschupfendach reckt der Nußbaum seine weiten Äste hinaus. Wenn nachher der Herbstwind geht, so hört man es scheppern. Eine „Plunze“ voll kann es schon werden heuer, so wie sie „hingschütt“ dranhängen die Nüß', und der Niklo braucht sie notwendig. *Ein Jahr mit reicher Nußernte wird auch ein gutes Bubenjahr!*
Die Hollerstauern hinter der Backofenschupfe biegt sich herein und ganz schwarz leuchtet 's hernieder. Die Leut' aber freuen sich aufs Hollerkoch mit frischen Ofenweckerln oder Zwetschgenreinnudeln dazu.
Ja, *durch des Septembers Blick schaut nocheinmal der Mai zurück!*

's Krautfaßl

Wer auf Gott vertraut, der braucht koa Kraut! hat es geheißen. Dabei ist das Kraut recht oft auf dem bäuerlichen Kostzettel gestanden, besonders im Winter: Gselchts und a Kraut, Gremmiknödl mit Kraut, Erdäpfibeinzal zum Kraut. „Wann mas nöt anders weiß, schmeckt 's Kraut wia a Fleisch!“, so hat man sich getröstet.
Der Vorrat in der mächtigen „Krautbodern“ (Bodern = Faß) in der Speis ging dem Ende zu, und die Krautköpfe draußen auf dem Acker nahmen mit jedem Tag an Gewicht zu. Um Micheli (29. September) sind sie abgehauen und heimgefahren worden. Der Krauthobel ging von Haus zu Haus. Das eichene Faßl wurde mit kochendem Wasser ausgebrüht. In der Kuchl wurde auf Stuhl und Fürbank der Hobel aufgebaut. Die Krautköpfe, schon draußen im Freien „entblegert“ (entblättert), kamen nun halbiert in das Hobelschiebefach und los ging's. Das fein gehobelte Kraut fiel auf ein Leinentuch und wurde schichtweise eingelegt, gesalzen und von einem gewichtigen Mannerleut mit neuen Holzschuhen oder auch barfuß eingetreten. Nach einigen Wochen Gärung kam das erste frische Sauerkraut auf den Tisch.
Eine Gabel voll rohes Kraut hat auch einen verdorbenen Magen ausgeräumt. Und weil wir schon beim Kurieren sind. Auf dem langen Schrot unter dem weiten Dachvorschuß ist in alten „Poistaziachön“ (Kissenüberzug) eine Ernte gehangen, die jetzt eingebracht worden ist: Kümmel fürs Hausbrot, getrocknete Kräuter für die Hausapotheke wie Kamille, Lindenblüten, Hollerblattln, Fenchel, Anis, Hagebutten

und sonst noch allerhand. In einer trockenen Vorratskammer wurden diese Sachen aufgehoben, dort hing auch das Säckel mit den gedörrten Schwammerln.
So hat der Bauer im Herbst, im Einwärts getrachtet, daß alle Vorräte eingebracht wurden. Er ist ja Selbstversorger gewesen, und der Winter ist lang und bis zur nächsten Ernte ist es weit.

's Küahhütn

Wenn aus dem Drittelgras die Herbstzeitlose herausgeleuchtet hat, dann ist es Zeit zum Kühhüten geworden. „Laßts enk fei schlaun vo da Schüi hoam, und tuats nöt umanandastandln!" ist uns Kindern aufgetragen worden, „ös müaßts heut d'Küah austreibm!" Das war in den ersten Tagen keine leichte Aufgabe. Den ganzen Winter, das Frühjahr und den Sommer über sind die Viecher im Stall gestanden. Da haben sie zuerst einmal die Freiheit ohne Kuhkette genossen, haben ihre Schwänze aufgestellt und sind gehupft und gesprungen wie närrisch. Erst allmählich ist es ihnen gekommen, daß die Kuh mit dem Maul milcht, und sie haben zu grasen angefangen. Weil ihnen aber die „Gunkeln" (Rüben) oder der Nachbarsklee mehr gleich sahen, darum hat's für uns Hüter etwas zum Laufen gegeben mit dem Hüterstecken.
Ein ganzer Schübel Kinder war oftmals beieinander, die Weiden grenzten ja aneinander. Da wurde es nicht „zum Abbiegen" (langweilig). Auf abgeräumten Äckern haben wir noch etliche Erdäpfel gefunden, und bald hat ein Feuerl gebrannt. So ein gebratener, „melbiger" (mehliger) Erdäpfel an einem herbstkühlen Nachmittag, das ist eine Köstlichkeit!
Auch wenn es genebelt oder genässelt hat, mußten die Kühe ausgetrieben werden. Da konnten wir uns in das Häusl verkriechen, das wir Buben aus „Hanicheln" (dürre Fichtenstämmchen) am Waldrand erbaut hatten. Die meisten Kühe, wie die Scheckin, die Brautkuh von der Mutter und die „großtragende" Fanny sind bald „irrdruckad" (wiederkäuend) auf der Wiese gelegen. Grad die närrische Kalmkuh, die Lies, hat noch hi und da umeinandergesponnen.
Auf d'Nacht zu hat es die Viecher zum Stall heimgezogen, sie haben das Gehen angefangen, und wir Hüter sind mit ihnen aufgebrochen.

Heute sind in unserer Gegend die meisten Wiesen umgebrochen für Feldbau, grast wirklich noch eine Kuh, so hütet sie ein elektrischer Weidezaun. Die Kühhüterzeit gehört der Vergangenheit an.

Die Schweizerin auf dem Gericht – eine wahre Geschichte

Die Fräun Barbara Haflinger, d'Haflinger Wabm genannt, war ein einschichtig (ledig) gebliebens Leut'. Ihres Zeichens Hebamme, hatte ihr vielleicht die so oftmalige Hilfe für die kleinen Erdenbürger zum Licht der Welt das Selberheiraten und Kinderkriegen verleidet. Vielleicht war auch nicht der Richtige gekommen, oder es hatte kein Bursche sich getraut, mit einer Hebamme anzubandeln. Weil die Wabm, von Berufs wegen, um die Hochwertigkeit der Milch als Nahrung für den Menschen Bescheid wußte, drum war sie selber eine gute Milchkundschaft beim Gerstlbauern. Dort schweizerte die Hundsrucker-Zenzl. Diese, ein rühriges Weiberleut, und das mußte sie wohl sein bei der Betreuung von zirka zwanzig Kühen, war vom Himmelvater mit Geistesgaben nicht überschwenglich ausgestattet worden, was für ihre Tätigkeit auch nicht unbedingt von Nöten gewesen ist. „Die Hauptsache ist", so meinte ihr Brotgeber, „sie bringt viel Milch von den Kühen heraus!" Weil nun die Wabm in der zwar recht rahmigen Vollmich schon mehrmals, und das mit Entrüstung, winzige Kuhstallrückstände entdeckt hatte, wurde die Schweizerin ein Stein des Anstoßes. Gerne hätte die Hebamme deshalb der Zenzl, die ihr nicht einmal das Geschäft einer unehelichen Geburt zugebracht hatte, eines ausgewischt. Der Gerstlbauer aber, der mit seiner Stuben voller Kinder eine geschätzte Kundschaft war, sollte ungeschoren dabei bleiben. Noch dazu wo die Wabm der Gerstlin einen recht manierlichen Milchpreis bezahlen durfte.
Neugierig wie sie war, die Hebamme, hörte und sah sie eines Tages beim Vorbeigehen am Gerstlstall, wie die Zenz voller Zorn einen ihrer Schützlinge mit dem „Zeitlstuhl" (Melkschemel) bearbeitete. Das Rindvieh schlug zwar mit dem Hinterbein aus und wehrte sich mit dem dreckigen Schweif, aber für die Wabm war der Tatbestand der Tierquälerei gegeben. Und damit hatte sie die schon lange erlurte Möglichkeit, mit der Schweizerin für die verschmutzte Milch quitt zu werden. Die Zenz wurde so in erster Instanz „auf den Vorstand" bei der

Gemeinde geklagt. Doch als ihr der Polizeidiener in amtlicher Positur das Ladschreiben überreichte und ihr vorsorglich auch noch mündlich dessen Inhalt übermittelte, da dachte die Schweizerin an die Hebamme und brummelte in sich hinein: „Rutscht mir doch alle den Buckel hinunter! Mich brauchen meine Rindviecher!“ Die Amtsperson, schon hoch an Dienstjahren und niedrig an Hörvermögen, glaubte, die Vorgeladene habe zugesagt.

Als Bürgermeister, Gemeindeschreiber und die Klägerin beim Termin vergeblich auf die Beklagte gewartet hatten, ging die Sache eine Stufe weiter. Und so stand eines Tages die Kreszenz Hundsrucker vor dem Amtsrichter und der Hebamme als Beklagte und mußte sich anhören, was dieses, ihr gewiß nicht sympathische Weiberleut gegen sie vorzubringen hatte: „Eine brave Kuh, die wo uns Menschen auch nach Wegnahme seines Kindes (s'Kalberl hats gemeint, wanns „abgnommen“ werd) die Muttermilch weitergibt, so zu schlagen, das ist gewiß schwere Tierquälerei, Herr Oberamtsrichter!“ Die Stellungnahme der Beklagten dazu aber hat auf sich warten lassen, weil sich die Zenz gesagt hat: „So einer Frauensperson gegenüber, da ist Schweigen Gold!“

Wie aber der Amtsgerichtsrat gar nicht aufgehört hat, mit menschlicher und auch wieder amtlicher Miene auf die Kreszenz einzureden, da ist es der Zenz doch plötzlich herausgerumpelt: „Wissens' was, Herr Richter, laß doch du dich zehnmal und noch mehrer von so einem Rindvieh mit dem dreckigen Schweif in das Gesicht hineinhauen, nacher nimmst auch den Zeitlstuhl und schlagst einmal zurück!“

Nachdem der Amtsgerichtsrat daraufhin seine juristischen Gedanken gefaßt hatte, sprach er: „Ja, wenn das so war! Einmal nur haben sie auf die Kuh geschlagen, nun ja, in dem Falle ist das wohl eine Lapalie, denn eine Schwalbe macht ja auch noch keinen Sommer!“ „Stimmt genau, Herr Richter“, drauf die Zenz, „und zwee Gimpön machan koan Winter, auch wanns noch so zammpfeifan!“ Und die Kreszenz hat dabei wechslweise auf die Hebamme und den Richter geschaut.

Geh' Kirta, bleib da!

Von der Kirchweih zum Allerweltskirta

A lustiga Kirta dauert Sunnta, Moda, Irta
und es ko si a schicka, glei gar bis zum Migga!

Der Kirta ist der Angelpunkt, um den sich das ganze Jahr dreht, und nach dem „Zachäus" (Kirchweihfahne) hat der Bauer gerechnet. Schon am Freitag in der Vorkirtawoche hat man begonnen mit den Vorbereitungen zu dem großen Fest. Die Dirnen haben die Strohsäcke in den Schlafkammern mit frischem Kornstroh gestopft. Und: „Malefitzbande", schimpfte der Holzweber-Xaverl darauf, „dös dauert seine Zeit, bis i mei' bequeme Grubn wieder hineingwühlt han!"
Das katholische Bayernland wimmelt ja gerade so vor lauter Pfarr-, Filial- und Nebenkirchen. Schon der Weiler mit ein paar Höfen, wie Reit im Vilstal, hat seine eigene Kirche und auch der Einödhof mit 300 Tagwerk und eigener Hofjagd hat sein Hofkircherl, wie zum Beispiel Oberengbach. Wäre es da ein Wunder gewesen, wenn es nicht auch „gewurlt" hätte vor lauter „Kirtan".
„Angefangen im Auswärts, wo die ersten Lercherl steigen, bis weit hinein in den Herbst, wenn die Schneegänse ziehen, jeden Sonntag ein ganzes Rudel von Kirtan, Kirchweihen mit allem Rechten und Schlechten von einem Bauernfeste", so berichtet uns Josef Schlicht.
Seit 1868 aber gibt es gerade nur mehr den „Allerweltskirta", am dritten Sonntag im Oktober. Die drei „fressenden Gewerbe", die Bäcker, Metzger und die Wirte, auch die Kramer und Spielleut haben gejammert und geschimpft auf diese Neuerung und der einstigen langen Kirtazeit im Jahr nachgetrauert. Aber auch unser heutiger „Allerweltskirta" rumort noch laut genug!

Die Schanzwoche

Das höchste Fest bei dö Bauernleut', von dem s' am lieabstn hörn,
dös is da Kirta ganz alloa, den haltens hoch in Ehrn!

Als der Obermeier-Wigerl in der Religionsstunde nach den drei Hauptfesten gefragt wird, weiß er Bescheid: „Dö drei größtn Festa? Da Saustich, da Fasching und da Kirta!"

Eingeerntet ist längst, Heu, Erdäpfel, Rüben sind im Stadel oder im Keller. Sogar das Kraut ist schon in die „Bodern" (Faß) eingetreten, und in den eichenen Fasseln im Keller fängt der „Bibalmost" zu gären an. Und ein tüchtiger Bauer hat zum Kirta auch zugebaut. Angedroschen ist, und es hat sich gezeigt, daß heuer das Traid „ausgibt". – Ja, da kann er kommen der Kirta, das große Fest zum Ausklang des Bauernjahres.

Und schon unterm Jahr hat es seine Schatten vorausgeworfen, oder besser seine Lichtstrahlen: Im April, wie die flaumigen Ganserl ausgeschlüpft sind, da hat die Schüilöderbäuerin gerechnet: „Dö wern recht fürn Kirta, dö bringan a schöns Geldl und a saftigs Bratl!" – Und wie der Metzger-Löis im Sommer auf seiner Gäufahrt eine feiste, körndlgefütterte Sau sucht, kriegt er zu hören: „Dö is ma nöt feil, dö g'hört fürn Kirta!" – Da Scheima-Sepp, Eiermann und Schmalzaufkäufer, hat die Wochen vor dem Fest bei seinen Bäuerinnen wenig Glück. Diese Landprodukte werden schon aufgehoben für den Kirta.

Dem Kirta selber geht eine richtige „Schanzwoche" voraus und „rein zum Derrennen ist es hergerichtet"! – Schneider, Schuster und Näherinnen kommen auf die Stör. Vom Kopf bis zum Fuß neu eingewandet möchte jedes Familienmitglied am Festtag zur Kirche schreiten.

Am Montag und Dienstag ist auch der Drittentaler-Karl, der Maurer, da. Auf der Gred und im Flözpflaster ist etwas zum Ausflicken; Kuchel, Speis und Stube werden ausgeweißt. In letzterer färbt er oben herum mit der neuesten Schablone eine gagerlgelb-fürtablaue Bortour.

Am Mittwoch bäckt die Bäuerin aus weizernem Mehl, Butter und süßem Rahm die „Schaitnküachln". Da können sie schön ablagern die „drahtn Waberl", wie sie auch noch genannt werden, und schmecken fein zum Kirta. –

Wichtig ist der Donnerstag: In aller Frühe schon kommt der Brand-

metzger, und Bauer und Knecht haben einen Haufen Arbeit mit dem Schlachten und Wursteln. „Saunötig“ aber hat es erst recht die Bäuerin mit den Weiberleuten in der Kuchl bei der Brotbacht. Eine tüchtige Weizenmehlzugabe und einen festen „Fötza“ (Spritzer) Weihbrunn hinein, damits ja gerät! – Am Freitag, wie schon eingangs erwähnt, kommen die Schlafkammern und die Strohsäcke dran. – Am Samstag fährt der Hausherr mit dem Steirerwagl zum Bräu um etliche Fasserl Bier. Und weil es daheim auch nicht zum Aushalten ist bei der Geschäftigkeit seiner Leute, hält er sich dort etwas auf.
Die Knechte „tun Gänse und Enten ab“ („abtun“ = schlachten), schleifen die Tafelmesser und kehren den Hof zusammen. Die „Hausmenscher“ putzen Stube und Flöz aus und die Gred hinunter, die Stalldirnen schrubben die Ställe auf Glanz. „Ja“, sagt der Falterbauer, „'s Anschaffen muaßt kinna, daß dir selba koa Arbeit übrig bleibt!“ – Krebsrot ist das Gesicht der Bäuerin über der brodelnden Schmalzpfanne, und um drei Uhr nachmittags bietet sie den ersten Krapfen zum Probieren an.
Wenn dann der Mesner-Anderl den „Zachäus“, das weißrote Kirtafahndl, zum Turmfenster hinaussteckt und die Läuterbuben an den Strängen von allen Glocken ziehen was das Zeug hält, dann kann er kommen der Kirta, das schönste Fest im Jahr!

's Kirchweih-Hochamt und 's Kirtamahl

Daß „Kirta“ von Kirchweih kommt, also der Weihetag, das Geburtsfest vom Gotteshaus gleichsam ist und so in erster Linie ein kirchliches Hochfest, das haben heutzutag manche fast vergessen. Anders in früherer Zeit! Was schon oder noch ein wenig beieinander gewesen ist, für das ist an dem Tag das Kirchengehen Selbstverständlichkeit gewesen. Und auch schon äußerlich hat man bei den Kirchenleuten erkannt, daß Kirta ist: Nobel die Mannerleut', scharf die Weiberleut'!
Was in der Pfarrei an Stimmen und Instrumenten hat aufgeboten werden können, die Tanzgeigen mit eingeschlossen, das hat von der Emporkirche herunter den Gottesdienst feierlich gemacht. Und dann erst die Festpredigt: „Wia bei der Musi ist's da“, freut sich der Seppenpetervater, „je größer der Spektakel, desto schöner!“ Und ihm paßt es freilich gar nicht, daß der neue Pfarrer die komische Sucht hat

18 Im Herbst (Anfang September) war es Zeit zum Kartoffelklauben (um 1950).

19 „D' Gunkel-Arnt". Runkelrüben-Einbringen vor ca. 50 Jahren.

20 Beim Kühhüten (1930).

21 „Woara-Ochs und Hand-Kuah vor da Arn (Egge)."
Gespann mit hölzerner Egge (1930).

und manchmal am Altar vorn vom Evangeli-Buch heraus predigt. „Auf d'Kanzl ghört er aufi, untern Heilinga Geist und d' Händ muaß er frei hamm, daß er wergeln ko mit dö Arm und aufstampfn aufn Predigtstuhl, dös gibt die rechte Mettn!" –
Aber heut am Kirta hat es der Herr Hochwürden nicht leicht. Mag er noch so eindringlich den Zachäus auspredigen, es greift nicht recht an bei seinen Zuhörern. Die sind schon ein wenig weiter mit ihren Gedanken: die Älteren bei der Mittagstafel, die Jüngeren beim Kirtatanz. Sogar der Luderböckvater, ein Austrägler in hohen Jahren mit dem Wahlspruch „Wann der Pfarrer schön predigt, nachert is ma selber 's Hustn, 's Räuspern und 's Schneuzen zuwider!", er ist heute nicht ganz bei der Sache. Endlich singen sie das Schlußlied „Ein Haus steht fest gegründet . . .", und der Pfarrherr teilt den Weihbrunn aus. Beim Hinausgehen läßt man sich noch gerne mustern, aber dann trachtet alles schnell heimzu zur Kirtatafel.
Die Bäuerin hat sich wirklich nicht lumpen lassen, und wäre die Tischplatte nicht aus dickem Kirschbaumholz, es könnte schon sein, daß sie sich biegen müßte! Leberknödelsuppe und „Gansjung" voran, Rindfleisch mit Kren und Schweinernes mit Kraut darauf gibts. „Die Kath hat die Knödel gmacht, dö hat die größtn Trumm Händ, und vor große Knödl han i mi no nia gfürcht!" sagt der Stallbub. Nach dem Schweinernen kommt das Schmalzgebackene: Krapfen, Fensterl, Äpfelradl, Bovesen und Schluchsen. Mit Bier wird „nachigschwoabt". „Ja", taxiert der Vorgeher, „es gibt nix Bessers, als epps Guats!" Und der Mitterknecht streicht über seinen Bauch und meint: „Jetzt kunnt ma mir an bratna Engl vorsetzn, i aß'n nöt!" Der Schlüssöderbauer aber beschließt sein Kirtamahl mit der Feststellung: „A Gans is a dumma Vogel, oanö is da schier z'weng und zwo dapackst nöt ganz!"
Die Dienstboten bekommen noch zum Abschluß des Kirtamahls von der Bäuerin ein Kirtapackl und vom Bauern den Kirtagulden . . .

Kirtatanz im Wirtshaus

D'Arnt is dahoam und 's Tanzn is frei,
schö war da Summa, drum laß mas jetzt brumma!
Musikantn spuits auf, 's Tanzn geht auf!

Gleich nach der Vesper in der Kirche am Nachmittag geht's hinüber zum Wirt. Die Kirtadult auf dem Dorfplatz kommt in vollen Gang mit Prater und Drehorgel, Glückshafen und Kramerstand, und kaufen kann man beinah alles, was das Herz begehrt: Lebzelten und Met, Pfeiferl und „Fotzhobeln“ (Mundharmonika), Spielzeug und Bilderbögen, Rosenkränz und Meßbücher. Hier ist der Platz der Kinder. Die älteren, verheirateten und gesetzten Manner sind bald drinnen in der Gaststube. Die jungen, verliebten Leute aber treibt es hinauf auf den Tanzboden. „Musikantn spüits auf, meina Rosl zum G'falln, toats d'Notn nöt sparn, i tua ja gern zahln!“ schreit der Unterhuber-Toni und wirft den Spielleuten ein Geldstück zu für einen Extratanz. Ja, so manches spätere Hochzeitspaar hat sich beim Kirtatanz näher kennen gelernt!
Alleweil hitziger geht es zu, oben aufm Boden, und immer dampfiger wird es unten in der Stuben. „Besser im Krügl dasuffn, wia im Bach!“ stellt da Beigl-Karl fest und läßt sich eine frische Maß bringen. „Was hilft 's Trinka“, grantelt da Holzweber nach der fünften Maß, „wann i danach noch alleweil, und oft noch mehra Durst han!“
Der Hüttenmann sinniert zum Leinauer hinüber, der schon einen Mords Kirtarausch beieinander hat: „Dös is interessant, wann amöi an anderner bsuffa is!“ Bier und Tanzmusik hat den Burschen Schneid gemacht, und alleweil lauter geht es zu: „Gell mir zwee schmatz ma heut no a Wörtl mitanand!“ hört man da, und der Reitbauern-Jackl fordert seinen Rivalen auf: „Geh her, wannst a Schneid hast, nachat beutl i di aus deim persan Gwand!“
Es kann schon sein, daß in der Früh hinaus dem einen „heimgeleuchtet“ und der andere „heimgscheitelt“ wird. Und der Bader hat sich noch nie umsonst zum Kirta Salben und Pflaster hergerichtet gehabt. Der Leinau-Michl aber läßt sich heimgeigen und singt dabei:

Geh Kirta, bleib da,
han mi dö ganze Zeit
scho aufn Kirta gfreut,
geh weida, Kirta, bleib da!

Der Dingolfinger Kirta

Erzählt man in Bayern vom Kirta, so darf man wohl den Dingolfinger Kirta nicht übergehen. Er ist Bayerns letzte Wiesn und wirklich ein Oktoberfest, wenn auch nur ein kleines, und er beschließt den Volksfestreigen.
Seit urdenklichen Zeiten ist mit dem Dingolfinger Kirta, der übrigens älter ist als das Münchener Oktoberfest, das Kirtaschießen verbunden. Und die Chronik weiß zu berichten, daß schon 1863 Schubkarrenrennen, Sackhüpfen, Hundsrennen, Feuerwerk und Roßrennen auf dem Kirtaprogramm gestanden haben.
Bude reiht sich an Bude, und von überall her kommen die Leute zusammen, früher stundenweit zu Fuß oder mit dem Gäuwagerl, später mit dem Fahrrad, heute mit dem Auto.
Und muß die Bierhalle auch schon manchmal geheizt werden, weil es in der Früh hinauszu schon reifig wird, man rückt halt nah zusammen, und so schmeckt das frische Bier trotzdem gut.
Am Sonntag kommen hauptsächlich die „Stadterer", am Montag die Landleut'. Selbstverständlich dauert der Dingolfinger Kirta bis zum Irta! Acht Tage darauf wird beim „Kugelkirta" noch nachgefeiert. Ob dieses Wort vom Kegeln kommt, das dabei eifrig betrieben wird, oder von der Kuchel, die Braten und Küchel dazu liefert, weiß man nicht so genau, die Hauptsache ist, es gibt ihn noch, den „Kugelkirta"!

Kirtamontag

Wann der Altbayer feiert und es geht dabei naß her, so denkt er auch an die, welche nicht mehr mittun können, an seine Verstorbenen, an die Armen Seelen. So wird auch bei Hochzeit oder Taufe noch an das Familiengrab gegangen. Jeden Sonntag bekommen sie ihren Weihbrunn, die Heimgegangenen, der Friedhof liegt ja vielerorts um die Kirche herum.
Und auch am Kirtamontag ist in der Frühe Totenmesse und anschließender Gräbergang. Und wenn die Hoanamann-Nanni an dem Tag besonders viel Weihwasser verbraucht: für'n verstorbenen Vater, für d'Mutter, für'n Vetter und 's Basl, so denkt sie dabei wohl daran, wie

gut sie es hat an den Kirtatagen herüben und wie schlecht die im Fegefeuer drüben.

Aber zu lange will man sich nicht aufhalten auf dem „Freithof", der Kirta muß ja richtig „hinausgemacht werden".

Es ist noch nicht lange her, da ist der Kirtamontag da und dort ein örtlicher Feiertag gewesen, die Kinder hatten schulfrei und sind zum Gödn und zur Godn eingeladen worden. Und ist der Gastgeber ein Bauer gewesen mit einem großen Stadel und er hat von den Knechten auf dem Tend eine Kirtahutschen aufhängen lassen, dann ist vom Kirtamontags-Besuch bei Tauf- oder Firmgödn noch lange Zeit erzählt worden zuhause. Von den Mitterbrettn lange Ketten herunter und eine Leiter mit einem Brett darauf gehängt, schon ist sie fertig gewesen, die Kirtahutschen. Acht bis zehn Kinder haben darauf Platz gehabt und vorn und hinten mußte eins „antauchen" (anschieben). Nachmittags waren die Kinder dran, ums Nachtwerden die Burschen und Madl. Zrückaus und vor und alleweil höher gings, ob da eine moderne Raketenbahn mit Elektromotor und Hydraulik mithalten kann?

„Alleweil schön, ist nie schön!" hat der Hüttenmann gmeint, nachdem er zum Kirta die Häuslgruben geräumt hat und dahergekommen ist wie ein „Böglmo" (Vogelscheuche). Und „alleweil gut", könnte man da auch sagen, „ist nie gut!" Ja, beinah schwer ist es in unserer Zeit, wo es uns allen verhältnismäßig gut geht, ein Festmahl zu bereiten. Auf die Linie muß dabei geschaut werden, auf Kalorien und Diät geachtet. „Was soll ich nur grad kochen!" jammert die verzweifelte Hausfrau. Ganz anders früher: Harte Arbeit und einfache Kost das ganze Jahr über, da hat man schon Wochen und Tage gezählt bis zum Kirta hin. Und man hat es einem dann wohl auch nicht verübelt, wenn er über sein Maß hinausgekommen ist, wie z. B. der Schüilöder-Hirterbub, der nach dem Kirta kritisiert hat: „Is nix b'sunders gwen heuer da Kirta, han grad dreimal speibm müssn!" –

Aus is da Kirta, aus is da Tanz,
hi hand d'Monettn und vaspeist is dö Gans!

Der Bauer und sein Grund und Boden

Abtrümmert werd no lang nöt!

„Da Hof und d'Felda warn mei Lebm, jetzt han is dö Junga übagebm!" sinniert der Austragsbauer, dem der Siebziger auf seinem Buckel das Heft aus der Hand genommen hat.
Wenn man heutzutage sieht, wie Straßen, Autobahnen oder Flugplätze, auch Industrieanlagen bäuerliches Land wegfressen, wie Dörfer, Märkte und Städte in Felder und Wiesen hineinwachsen, so denkt man mit Wehmut zurück, wie einmal der Bauer zu seinem Grund und Boden gestanden ist: „Mei Hof, meinö Acker, meinö Wiesn, mei Höiz, sell warn an Bauern sein Stöiz!" – Und wenn die breite Hofbäuerin in ihren Kirchenstuhl, drei Reihen vor der Emporkirchsäule, hinein ist, dann hat sie so umständlich „umeinandergetredelt", als müßten ihre 250 Tagwerk Grund auch noch mit hinein.
Wie eine freistehende Fichte hat der Bauer in seinem Boden gewurzelt und gleich einer Tanne die Herzwurzel drinnen geschlagen. Ob ein Zeugl mit einer Kuh und einer Geiß, ob ein Sacherl mit 20 Tagwerk, oder ob ein Hof, auf dem man drei oder mehr Paar Rosse einspannte, so wie er übernommen wurde, der Hof, so wollte man ihn seinen Nachkommen weitervererben.
Und wie der Seppenpeter-Schuster den Hofbauern drum angegangen hat, ob er ihm nicht ein Trümmel von der Sauerwiesen am Hang oben geben tät, weil er sein Zeugl aufstocken wollte, ist die Antwort gekommen: „Na, Schuaster, abtrümmern tun ma no lang nöt!" Zu groß ist die Schand gewesen, wenn ein Hof auf die „Gant" (unter den Hammer) gekommen und stückelweis versteigert, „abtrümmert" worden ist.
„Verkaufa tat i den Bergacker scho", hat der Obermeier gemeint, „aba hergebm tua i 'n nöt!"

Die Verbundenheit mit dem Acker

Wenn die Bäuerin am Strang der Hausglocke gezogen hat, sind Bauer und Dienstboten vom Acker heim zum Essen. Und man hat gleich erkannt, daß sie vom Feld gekommen sind: Am Brunnentrog haben sie sich die Ackererde von den Händen gewaschen und ihre kotigen Stiefel oder Holzschuhe auf der Gred ausgezogen. Vielleicht war das ein Grund für die feste Verbundenheit des Bauernmenschen mit seinem Grund und Boden, weil er mit Händ und Füß Felder und Wiesen bearbeitet hat! Der technisierte Landwirt von heute dagegen fährt mit Traktor, Mehrscharpflug, Unkrautspritze und Mähdrescher oder Vollernter über seine Felder.

Auch früher wußte der Landmann: Wer seinen Acker aus dem Leibltaschl düngt, der kann seine Ernte im Hosensack heimtragen. – Und so ist er im Auswärts und im Herbst acht bis vierzehn Tage in die „Statt“, in die Miststatt gegangen. Schwere Fuhren sind aufgeschlagen und mit der Misttusche geglättet worden, damit auf der Fahrt über die gleisigen Feldwege ja kein Patzerl verlorenging. – Der Mergel aus den Mergelgruben hat den Kalkgehalt der Böden verbessert. Und nachher ist der Landmann Furche auf Furche ab hinter Pflug, Egge und Walger seinen Acker abgeschritten, so schnell wie halt die Einspannkühe, die Ochsen oder Rosse gegangen sind. Und ist der Altbayer auch meist nicht recht gesprächig, aber mit der Mehn, da hat man ihn „schmatzen“ (reden) hören: „Gehst nachi, Handige, wia, geh weida, tua höit no an Schritt“ und zum Woarer-Ochsen: „I wirf da an Kotbrocka aufi!“

Und vom Saatkörndel, das der Bauer aus dem Sätuch geholt hat, bis zum Kornhaufen auf dem Traidboden ist ein arbeitsreicher Weg mit vielen Handgriffen gewesen. Und so vielfältig die Landschaft in Niederbayern, so unterschiedlich ist die Bodenqualität. Steinhaufen und Steinmauern am Ackerrand, besonders im Wald hinten, das sind Denkmäler vom Arbeitsfleiß des Bauern und von seiner Einstellung zum Acker. Und weil er sich bewußt war, daß Arbeit allein nicht reicht, daß der Herrgott Segen zum Gedeihen geben muß, drum hat er beim Flurumgang gebetet: „Daß du uns die Früchte der Erden geben und erhalten wollest . . .“ Aber: „Faul in der Arbeit und nur fleißig im Beten, das wär Orglspielen ohne Blasbalg zu treten!“

Recht kriagn tua i!

Grund und Boden können nicht abschlagen! dieser Ausspruch ist schon zum Sprichwort geworden und das wissen alle Inflations- und Währungsreformgeschädigten. Und weil er gar so wertvoll ist, der Boden, kann es vorkommen, daß um ein Schuh breit Zank und Streit ausbrechen, ja sogar, daß die Sache gerichtsmassig wird. Davon erzählt die folgende Geschichte, die sich im niederbayerischen Hügelland begeben hat:

Der Oberhuber hat dem Unterhuber über das „Moar" (Grenze) gemäht, der Unterhuber hat beim Ackern seine Grenze verfehlt. – Am Hang hinten, wo bei schwerem Wetterregen das Wasser recht herunterschießt, läuft zwischen oberhuberischen und unterhuberischen Feldbreiten eine Wasserfurge, alleweil schon auf dem Oberhuber seinem Acker. – Kommt der Unterhuber eines Tages nach der Bauzeit zum Hang hinter, ja was muß er da sehen? Ja ist das möglich! Der Wassergraben ist auf seine Ackerseite herübergeschlagen. Das war an einem Montag. Am Dienstag ist die Wasserfurche wieder auf der alten Stelle. Am Mittwoch verläuft sie wieder auf dem unterhuberischen Feld. – Am Donnerstag Mittag zu kommt der Unterhuber mit der Schaufel am Rücken auf seinen Hof heim, einen Mordstrumm Pinkel auf seinem niederbayerischen Bauernschädel. „Alte", sagt er zu seiner Bäuerin, „heut ham mir uns troffen, da Oberhuber und ich, mitten in der Mitt' vo unserne Felder und mit da Schaufl!" –

Weil es keine Zeugen gibt von dem Vorkommnis, gibt es für die Advokaten vorerst auch nichts zu schreiben und zu verdienen. Nur wenn sie sich halt begegnen, der Oberhuber mit einer Fuhre Mist hinaus, der Unterhuber mit leerem Wagen heimzu, wird angehalten, ausgespuckt und man nennt sich beim Namen: „Misthammi, dreckiger!" – „Gscherter Ruach!" Aber weiterhin keine Zeugen, keine Klage. – Bis der Unterhuber eines Tages mit einer Fuhre trockenem Mist hinaus und der Oberhuber mit der Egge heimzu reist. Nachdem die beiden sich wieder so recht ausgeräuspert und genamelt haben, reckt aus dem Mist vom Unterhuber der Stallknecht den Kopf heraus. „So, du Saubazi, jetzt hats dich und ich hab einen Zeugen!" schreit der Unterhuber. Und jetzt konnte die Sache gerichtsmassig werden. Und bei der Verhandlung trumpft der Kläger auf: „Herr Ober . . ., a es is ja wurscht, wiast hoaßt, aba Recht krieagn tua i, wei i han an Zeugn!"

Grenzfrevler müssen „weizen“

Wenn der Häusler, der mit seinen paar Äckerln kaum die Kuh und die zwei Geißen hat durchbringen können, versucht hat, seinen Grund und Boden zu vermehren, so ist das verständlich. Er hat beim Großbauern einen Erdäpfelbifang stecken dürfen und dafür einen Tag auf dem Hof gearbeitet. Er hat noch selbst Weg- und Straßenraine abgeheut, heute müssen Schafe her als Landschaftspfleger für ganze Berghangstückel und Sauerwiesen, die niemand mag, und Straßenarbeiterkolonnen mit Fahrzeugen und technischem Gerät. Daß aber ein großer Bauer und Grundbesitzer so vom Geiz am Kragen gepackt worden ist, daß er seine Grenzsteine verrückt hat, ist zwar kaum zu verstehen, aber passiert.

Weil er es bei Nacht und Nebel getan hat, ist meist nichts ans Tageslicht gekommen zu seinen Lebzeiten, aber in der Ewigkeit drüben, da hat er keine Ruhe gefunden, und so hat seine Seele weizen gehen müssen: Von 12 bis 1 Uhr nachts hat er auf dem Boden von seinem geschädigten Nachbarn Getreide schaufeln müssen, bis seine Seele durch Messen oder Gebete die Ruhe gefunden hat.

Die Seele von einem anderen Grenzfrevler hat als Lichtel in der Armenseelenzeit an der Ackergrenze auf- und abgeweizt und ist beim Taganleuten zu einem Feuer geworden und verschwunden. Ein Wirtshausbruder, der um diese Zeit gerade heimgegangen ist, hat eine Stimme vernommen: „Wo muß i'n hintoa? Wo muaß i'n hintoa?“ Weil dieser drauf geantwortet hat: „wost 'n hergnumma hast!“ ist die Seele von dem Grenzfrevler erlöst worden.

Ja, solche Sachen wissen die alten Leute zu erzählen. – Und heute? Mag sein, daß der technisierte Bauer nicht mehr so fest mit seinem Grund und Boden verbunden ist, obwohl Boden und Bauland von Tag zu Tag weniger, rarer und teuerer werden.

Du, der du noch Grundbesitzer bist und den Boden auch noch bearbeitest, und du, der du dein Häusl auf eignem Grund hast und auch du, der du grad ein Schrebergartl bewirtschaftest oder Balkonblumen pflegst, freue dich über die Erde, die Jahr um Jahr Pflanzen, Blüten und Früchte bringt und zum Schluß noch: Ein Fleckerl Grund bleibt auf d'Letzt für jeden von uns!

In und auf der Bauernhochzeit

Heut geht's ja in aller Fruah
drunt im Dorf scho lusti zua.
Alles is scho auf'n Füaß'n,
d'Weiber ratsch'n, d'Manner schiaßn,
d'Musi spielt und Kinder plärrn,
weithi kannst dö Gaudi hörn.
(Max Matheis)

In die Hochzeit sind die geladenen Gäste gegangen, auf die Hochzeit die „Draufgeher“ gekommen, die aus Freundschaft zum Brautpaar bei dem Ereignis dabei sein wollten.
Und es ist schon ein Ereignis gewesen zur damaligen Zeit, so eine niederbayerische Bauernhochzeit, in dem einschichtigen Leben draußen auf dem Dorf, bedeutsam für eine ganze Generation am Hof.
Man hat damals gesagt: „'s Heiratn und 's Schlittnfahrn muaß schnell gehn!“ weil Heirat wie Schnee leicht zergehen können. Und doch hat so eine Heirat gründlich überlegt werden müssen.
Ein niederbayerischer Bauernhof, vierseitig gebaut, die Felder und die Wiesen rundherum, ein schönes Holz dabei, das ist das Besitztum der ganzen Familie, die Heimat eines ganzen Geschlechts gewesen. Nicht der Mensch, sondern der Hof war die Hauptsache, er hat die Zeiten und die Generationen überdauert. Daß einer behaupten hat können: „Zwei Höfe han i scho vaputzt und koan Maurer dazua braucht!“ ist eine Seltenheit gewesen. Und so hat es sich ein richtiger Bauernbursch schon zusammenschauen müssen, wenn er sich eine Hochzeiterin gesucht hat.
Daß ein gestandener Bauernbursch und ein rechtes Madel eine Bekanntschaft gehabt haben, das ist selbstverständlich gewesen, hätte man sonst doch ihn einen „Duckmäuser“ und sie eine „Betschwester“ geheißen. Er hat sein Dirndl mitgenommen auf die Dult und hat ihr ein Zuckerherz gekauft, oder zum Tanzboden und hat sie heimgebracht. An den „Orttagen“, den Samstagen ist er auch hie und da zu ihrem Kammerfenster hinaufgestiegen. Aber wenns zum Heiraten worden ist, hat er schon auch aufs Geld, auf das Heiratsgut schauen müssen und auf die Tüchtigkeit.

Wie hat der alte Reithuber seinem heiratsfähigen Buben geraten: „Wigal, heirat da no a Junge, älta werds' vo selber, suach da a schöne, gröber werds' a mit da Zeit, nimm a Geldige, beim Geld is guat sei und z'wider werd da do amöi an jede!"
Und ein Hochzeiter hat einmal seiner Braut brettelbreit ins Gesicht gesagt: „Dö Schöna bist grad nöt, aba dö meist Zeit bist eh im Stöi oda aufm Feld draußt!"
Und ein anderer hat seine Auserwählte so eintaxiert: „Schö is zwar nöt, aba recht schö toa kanns' ma!"
Nicht einfach dagegen ist es oftmals für das Bauernmädel gewesen, zu einem passenden Hochzeiter zu kommen. Sie hat ja warten müssen, bis einer nachgeschaut hat. Und hatte die Natur ihr Gesicht oder die Figur ein wenig stiefmütterlich behandelt, sind halt nur wenig Hochzeiter gekommen. Da hat dann der Heiratsschmuser sein Geschäft „dalurt" (gewittert). –
Der Hundskarl, ein „zeahmes (zierlich, klein) Manderl", er hat ein wenig mit Hunden gehandelt, aber in der Hauptsache Weiberleut' verschmust, wie hat der zum Reitbauern-Michel gesagt: „Was, z'kloa waar dir an Oberhuber sei Philomena? I sag dirs, da Oberhuber stellt sei Diandl auf ran Metzn vöi Geld, nachert is da wohl grouß gnua!" „Und oans sag i dir no", hat der Karl dazugesetzt, „dös mirk da Michö, wann's rengt so rengt's Woassa, wann's schneibt, so werd's weiß, wann a schöns Diandl treu bleibt, so is oft epps Neus!"

Da Huabavata

Da altö Huabavata, der hat gsagt, sagt a,
wann di d'Liab, sagt a, amol plagt, sagt a,
Ei so heirat, sagt a, fredi glei
a früahrö Heirat is a spatö Reu.

Bsinn di Seppal, sagt a, nöt a Weil, sagt a,
denn dö Jahrl, sagt a, fliagn vorbei, sagt a
und dö Weiba, sagt a, mit da Liab,
dö nehman mit am Bissal nöt vorliab.

Und da Seppal, sagt a, der is kemma, sagt a,
ei, was soi i denn für oanö nehma, sagt a,
nimmst di erstö, sagt a, auf Knall und Fall
ausgschmiert bist halt, sagt a, allemal.

Heiratst a Kloanö, sagt a, muaßt as büassn, sagt a,
ziagst as aufi, hast nix drunt bein Füassn, sagt a,
laßt as obi, sagt a, hast nix bein Kopf,
kannst ihr koa Bussl gebm, du arma Tropf.

Heiratst a Groaßö, sagt a, kunnst oft lacha, sagt a,
kunnst zwoa Kloanö, sagt a, leicht draus macha, sagt a,
willst ihr a Bussl gebm, na laßt as bleibm,
ja weilst a Loata brauchst zum Aufisteigen.

Heiratst a Jungö, sagt a, hast a Freid, sagt a,
mit deim Weibal, sagt a, dö längste Zeit, sagt a,
kemman dann Kinda, sagt a, is a Pracht
glei a Dutzad, sagt a, guatö Nacht!

Heiratst a Altö, sagt a, dö is so kalt, sagt a,
daß da 's Herz, sagt a, abifallt, sagt a,
und dö Liab, sagt a, dö is so hoaß:
i wünsch da a Glück auf d'Hochzeitsroas!

(Volksgut)

Hofbeschau

„Du, Vata", sagt da Simmerl, am Reithuaba sei Bua,
„z'Micheli mach i Hochzet, i han ma gwart jetzt gnua".

„Heb' staad", moant drauf da Vata, „davo is no koa Red.
Zum Heiratn brauchst a Deandl, und jede paßt ma net.

I suach da scho a Bäurin, heiratn kost net alloa;
da muaß i mi zerscht umschaugn, zum Heiratn, Bua, ghörn zwoa!"

„Mei, zwoa", sagt drauf da Simmerl, „da müaßt net gheirat sei;
i hab a weng scho vorg'haust, z'Weihnachtn san ma drei!"

(Albert Wisheu-Martens)

Aber auch wenn der heiratslustige Bauernbursch schon „vorg'haust" hatte, wie es obiges Gedichtl erzählt, so ist deswegen noch nicht unbedingt eine Heirat daraus geworden. Nicht jede Bekanntschaft hat gleich zum Altar geführt! Das Einigsein von Bursch und Madel hat noch nicht ausgereicht.

Die Bauernfamilie ist meist kinderreich gewesen. Zwölf und mehr Kinder waren keine Seltenheit. Was für eine Braut – noch dazu wenn sie reich war – hätte schon in einen Hof einheiraten mögen, auf dem noch ein Haufen Geschwister vom Bräutigam daheim waren. So hat der Hoferbe warten müssen, bis die meisten Geschwister hinausgeheiratet gewesen sind. – Auch die Alten, die Eltern, haben schon „zusammengerackert" sein müssen, daß sie bereit waren, den Hof zu übergeben.

Aber hat es sich dann endlich geschaut, daß es etwa zum Heiraten wurde, dann ist der Tag für die Hofbeschau festgelegt worden:

Die Braut ist mit den Eltern auf den Hof ihres Zukünftigen gekommen und alles ist gründlich gemustert worden: das Haus, der Viehbestand, der Roßstall, und auch die Felder sind abgegangen worden. Ist man sich auch noch übers Heiratsgut einig geworden, so hat das Madel vom Burschen das sog. Drangeld gekriegt, etwa 5 bis 50 Mark, wie halt die Verhältnisse gewesen sind. Dann hat man den Tag für das „Heiratsbeschreibm", für das Übergeben beim Notar festgelegt.

Es soll einmal passiert sein, daß auf dem Heimweg von der Brautschau die Mutter plötzlich den heiratsfähigen Sohn das Pferd anhalten ließ und sinnierte: „Xaverl, überleg amöi, öis hamm ma gsehng, 's Haus, an Hof, d'Felda und Wiesn, d'Küah und d'Roos, aba oans ham ma vagessn bei da B'schau, d'Zenzl, d'Tochta vom Hofbauern, dei Zukünftige!"

's Übergebm

Den niederbayerischen Bauern hätte man also sehen mögen, der seine Tochter, noch dazu wenns „eine geldige" gewesen ist, also ein schönes Heiratsgut mitbekommen hat, in einen Hof hätte einheiraten lassen, bevor nicht der Hof dem Brautpaar übergeben worden wäre.

Gern hat zwar der alte Bauer das Heft nicht aus der Hand gegeben. Was er so am Bräutisch von den Austräglern „dalust" hat, das hat ihm kaum Mut dazu gemacht: „Ja überleg das fei guat", hat der Stafflmeier ihm letzten Sonntag am Ofentisch im Bräustüberl geraten, „übergebm und nimmer lebm! – Gestern hat ma da junge Bauer, mei Bua, dö erste austragsmassige Montur 'bracht, an Janka und a Hosen. Michö, han i g'sagt zu eahm, solang i leb, han i koa Montur ohnö Leibl anglegt!" „Ja, solang i a offas Augn han, bin i da Regenter, dös mirkst da!" trumpft der Reitbauer auf. Der Staffelmeier aber jammert weiter: „Holzschuah tua i da Junga a z'vui zammserfin". Er zieht seinen

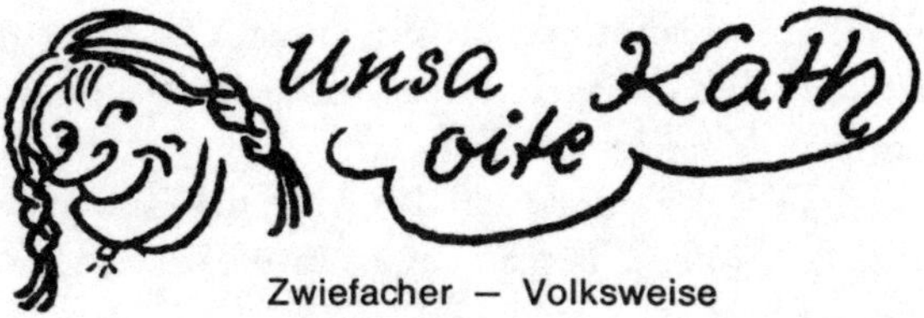

Zwiefacher – Volksweise

Text und Fassung: J. Eberwein

Aus: Josef Eberwein: Lieder und Zwiefache. Das Holledauer Liederbuch. 1972

zerwetterten Filzdeckel vom Haupt und meint: „Sovui i no Haar am Kopf han, sovui reut's mi, daß i übagebm han!" Es kommt aber grad eine glänzende Platte zum Vorschein.
Aber die Natur hat schon dafür gesorgt, daß den Alten das Übergeben recht ist worden. Und so ist der Übergabetag beim Notar festgelegt worden.
Braut und Bräutigam sitzen mit ihren Eltern auf der Bank in der Kanzlei, es wird der „Leibgeding" ausgehandelt: Eier, Mehl, Schmalz, Milch, Fleisch, Holzschuh und Gewand, Brennholz und Kerzenlicht. – Freilich, wenn sich Alt und Jung vertragen werden, dann wird über den Tisch gegessen werden, das heißt die Austrägler führen keinen eigenen Haushalt. Aber man muß auf Nummer sicher gehen! Mancher Bauer trägt sich einen Acker oder ein Holz aus. „Dös ko i dö Junga no allawei gebm, wann sie's vadern!", meint er.
Das Eingraben, die Ämter, die Kremeß und der Grabstein müssen natürlich auch in den Übergabevertrag hinein. Und bevor der Austragsbauer „seine drei Kreuzl druntersetzt", sinniert er noch: „Hoffentlich, Herr Notari, hoffentlich, ham ma nixn vagessn!" – Auf der Heimfahrt im Gäuwagl aber sagt er zu seiner Alten: „Jetzt bin i dengascht frouh, daß i mi z'ruckziehgn ko ins Austragsstübal, es is nimma z'früah mit meine siebazg Joahr. Und fein ko si nix, i han a Geldl auf da Seitn und dö Junga ham ma an Zaum scho ang'legt heut!"

Der Hochzeitslader

Bursch und Madel sind sich einig, übergeben ist, der Hochzeitslader, der Prokurator kann in Aktion treten. Er ist ein ausgesuchtes Dorftalent, findig und beredt in Spruch und Titel, und er kennt die Hofsitten vom altbayerischen Bauern bis aufs i-Tüpferl.
Sein erstes Geschäft ist es, daß er die Hochzeitsstuben mit Gästen voll kriegt. Er kommt zusammen mit dem Brautpaar und deren Eltern. Gemeinsam wird die Gästeliste aufgestellt. Der altbayerische Hochzeitsgast ist erst einmal eine Rechtsangelegenheit. Haben Braut und Bräutigam eine zahlreiche Vetternschaft, dann gibt es eine große Hochzeit: Die Nachbarn und die Geschäftsleute werden geladen, und auch freiwillige Gäste gibt es, die das Hochzeitsgehen einmal der Braut

oder dem Bräutigam versprochen haben. Da können schon an die hundert Köpfe zusammenkommen!
Als nächstes wird der Hochzeitstag festgelegt. Eine Bauernhochzeit in der Advents- oder Fastenzeit oder während der Ernte, das hat es nicht gegeben. Der Fasching, der Mai und vor Kathrein, das sind die rechten Zeiten zum Heiraten gewesen. Der Mondschein soll im Wachsen sein, das bringt Glück. Und was den Tag angeht, so war der Dienstag der geeignetste Wochentag, der Mittwoch könnt' ein Unglück bringen, so hat man geglaubt.
Die entfernteren Hochzeitsgäste bekommen vom Prokurator ein „Ladschreiben" zugeschickt. Und wohnen sie so weit weg, daß die Reise zum Hochzeitsdorf mit Gäuwagel und Roß nicht möglich ist, dann ist selbst das Geld für ein Eisenbahnbillettl auch nicht zuviel, so wichtig ist das Hochzeitsgehen. – Die nahen Gäste lädt der Prokurator persönlich ein. Rote und blaue Bandel am Stecken, so zieht er los. In der Bauernstube nimmt er seinen Hut mit dem Sträußel ab und fängt an:
„Im Namen der heiligsten Dreifaltigkeit, des Vaters, des Sohnes und des heiligen Geistes! Der ehrbare Jungherr Bartholomäus Obermaier, Bauerssohn von Kennading, hat sich nach reiflichem Bedenken entschlossen, die tugendreiche Jungfrau Notburga Unterhuber, Bauerstochter von Ammerhof, zu seinem christlichen Eheweib zu nehmen. Die zwei Brautpersonen werden am Dienstag, den 14. Februar, um 10 Uhr im löblichen heimatlichen Gotteshaus zu Kennading kopuliert. Und dazu erbitten wir von euch einen sicheren Gast."
Nach dieser Rede schreibt der Hochzeitslader an die Stubentür das Datum der Hochzeit, das Mahlgeld von 6 Mark und malt ein Rosmarinsträußerl dazu. Dann trinkt er den spendierten Schnaps aus und bedankt sich mit einem Gstanzl:

> Pfüat Gott beiananda, jetzt hoff ma aufs best',
> daß Houzat recht schö werd
> und a grouß Fest!

Brautexamen und Hofrecht

Drei Wochen vor der Hochzeit geht das Brautpaar in den Pfarrhof. Vor zwei Zeugen erklärt es dem Pfarrherrn, daß es in den heiligen Stand der Ehe treten möchte. – Beim Brautexamen, das die Brautleute dort ablegen müssen, beweisen sie, daß sie als christliche Leute zum Ehestand befähigt sind. In der Aufregung kann dabei schon allerhand herauskommen: Er bleibt im „Glaubeangott" stecken, und sie bringt die Kirchengebote durcheinander.

„Na, Bartl", meint der examinierende Hochwürden, „du gedenkst in den heiligen Ehestand zu treten, sag mirs, was ist überhaupt die Ehe?"

„Die Ehe, dös is, – dös is ein leibliches Werk der Barmherzigkeit, i mein das siebte", stottert der Befragte.

Nachdem die Sakramente, die Kirchengebote und die christliche Kindererziehung durchexaminiert sind, schließt der Herr Pfarrer: „Paßt nur auf, daß aus der Ehe nicht eine Ehee wird!"

Das kirchliche Aufgebot wird dreimal von der Kanzel verkündet. Die Brautleute gehen an diesen Sonntagen aber in eine Nachbarskirche, damit sie diese Verkündigung nicht hören, sonst könnten ihre zukünftigen Kinder „deppert" werden, so hat man gemeint.

Am gleichen Tag vom Pfarrhofgang auf d'Nacht ist am Hof der Braut das „Hofrecht" oder die „Schenk". Die jungen Leute kommen zusammen, die Brautmutter bewirtet mit Braten und Kücheln, der Brautvater schenkt Bier ein. Lustig geht es her, Spiele werden gemacht: Eselreiten, Sterngucken, Pfenniggampen, Bindern, Webern. – Die Burschen können dabei ihre Kraft auf die Probe stellen, zeigen, ob sie „Irgsenschmalz" haben, und es müssen halt etliche Junge dabei sein, welche diese Geschichten noch nicht kennen, ein paar „Tuttenkalbi, die wo no nöt trucka sand hinta dö Ohrwaschln", wie man damals sagte. Für diese gehen dann die Spiele so aus, daß sie im Gesicht rußig sind wie ein Rauchfangkehrer, oder naß wie eine getaufte Maus. Für die Eingeweihten aber gibt es eine Mordsgaudi. Selbstverständlich wird auf dem Hofrecht auch gesungen, einer spielt mit der Ziehharmonika oder auf der Mundharmonika auf und dazu kommen dann die Schnaderhüpfel:

Und da Kriagldeckl geht auf,
und da Kriagldeckl geht zua,
und i han halt mei Lebtag
vorm Kriagldeckl koa Ruah!

22 „Vierspänni gfahrn is vierspänni gfahrn und wanns mit Küah, Ochsn und Mist is!“ (1933)

23 Zieglervater: „Dös hand no Ochsn gwen! sagn dö Junga heut, und ma woaß nöt, meinan s’ dö Ochsen, oder die, welche damit ham arbeitn müssn.“

24 Niederbayerische Bauernhochzeit.

25 Musikkapelle um die Jahrhundertwende.

Der Kammerwagen

A Ding, dös mi recht kindisch freut,
is ihra Kammerwagn,
von dem wern jung und alte Leut
langmachti Wunder sagn!

In der Zeit, in welcher der Hochzeitslader übers Land gezogen ist, hat es im Haus der Braut wichtige Vorbereitungen gegeben: Die Mutter ist mit ihr und der Näherin in die Stadt zum Aussteuerkaufen gefahren. Der Kaufmann hat mit süßem Wein und mit Gebäck aufgewartet, der Näherin hat er verstohlen ein Trinkgeld zugesteckt, das er natürlich wieder auf die Rechnung geschlagen hat.
Mit zwei Gehilfinnen gleich ist dann die Näherin auf die Stör gekommen zum Aussteuernähen. Das Brauthemd für den Bräutigam, welches die Braut gestiftet hat, dann die Bettwäsche. Die Bettfedern hat die Brautmutter schon beieinander gehabt. – Ja, wo viele Gänse gefluddert sind, hat es auch genug Dirndl zum Hinausheiraten gegeben. Beim Sattler sind Kanapee, die gepolsterten Sessel und die Strohsäcke angeschafft worden, beim Schreiner der Kammerwagen. Der Bräutigam hat für seine Braut, für die Ehrmutter und für die Kranzljungfrau die Hochzeitsschuhe gekauft. Zwei Tage vor der Hochzeit ist es dann soweit gewesen: „Wann die Schellna klingan und die Peitschn knalln, no kimmt im Altbayerland a Kammerwagn gfahrn!“
Der einfache oder der doppelte Kammerwagen, zweispännig oder vierspännig, das hat schon gezeigt, von was für einem Hof die Braut kommt.
Auf dem Bruck- oder Leiterwagen ist die gesamte Schlafkammer-Einrichtung aufgebaut: 2 oder 4 Betten, überzogen mit Bettzeug und fein säuberlich aufgebettet, 2 Gwandkästen, 1 Kommode, 1 Tisch mit 6 Sesseln, ein Glaskasten, das Spinnradel und die Wiegen, sogar das „Botschampal“ steht unter der Bettstatt.
Die Roßgeschirre sind geputzt und die Schnallen poliert, daß es nur so funkelt. Der Bama, der Fuhrmann auf dem Bauernhof, zuständig für die Roß, der Stolz des Bauern, er darf die Fuhre kutschieren in schneeweißen Hemdsärmeln und mit gewichsten Stiefeln. Die Ober- und die Mitterdirn weisen die Brautkühe hintennach. Die Braut fährt in der Chaise. – Terzerol und Vorderlader krachen dem Brautpaar zu

Ehren. – Jetzt wird der Kammerwagen von den Dorfburschen mit Stangen angehalten. Erst nach Freikauf mit ausgeworfenen Münzen kann die Fahrt weitergehen. Der Bama darf dabei nicht zu viel mit der Geißel schnalzen, sonst kriegt die Braut Schläge in ihrer Ehe! – Am Hof des Bräutigam wird abgeladen, hineingetragen und aufgestellt. Schreiner und Näherinnen haben genug zu tun dabei. Der Hochzeiter schaut zu. Grad den Tuchet, das Oberbett von der Braut darf er ins Haus tragen. – Sind noch ledige Schwestern vom Bräutigam da, so bekommen sie von der Braut einen Seidenstoff zum Einstand. Nach einer kleinen Mahlzeit führt die Braut zurück ins Elternhaus, das letztemal.

„Ausdank" (Abschied)

Endlich ist er da, der große Tag, der bedeutsame, der Hochzeitstag! Wer aber glaubt, an diesem Tag ginge es nur lustig zu, der täuscht sich. Der Altbayer ist ein gemütsvoller Mensch, und nicht selten sind bei ihm Weinen und Lachen in einem Säckerl beieinander. Und es greift einen schon an, wenn am Hochzeitstag in der Frühe die Braut von Eltern und Geschwistern „Pfüat Gott" nimmt.
Zuerst holt der Brautführer seine Kranzljungfrau ab. Die vorrangigste Aufgabe des Brautführers ist es – er ist ein lediger Bruder vom Bräutigam oder ein „gekaufter", der mit Gstanzeln aus dem Stegreif tüchtig „auszu" singen kann –, daß er die Braut zum Altar führt, wie der Name es schon sagt. Der Bräutigam geht mit der Kranzljungfrau, meistens eine ledige Schwester der Braut.
Brautführer und Prokurator fahren in der Frühe zweispännig zum Hof der Braut, der Prokurator nimmt dort im Namen der Braut den Ausdank vor mit beredter Zunge.
„Teuerste Eltern! Die Stunde, da ich von dem Haus, in dem ich geboren, und erzogen wurde, auf immer scheiden muß, ist da. Groß sind die Opfer, die ihr für mich gebracht. So sage ich euch jetzt, vielgeehrte Eltern, herzlichen Dank, Dank für meine christliche Erziehung, und dann für die Aussteuer und das Heiratsgut, welches ich so reichlich bekommen habe von euch. Niemals werde ich vergessen, was ihr Gutes an mir getan habt. Lebet wohl und vergeßt eure Tochter nicht, wie auch ich euch niemals vergessen werde. Und dies sei mein letztes Wort: Gelobt sei Jesus Christus!"

Ja das Abschiedsnehmen vom Elternhaus! Die Hochzeiterin „stößt" es grad so, wie sie jetzt Vater und Mutter die Hand gibt, die Schwestern „tränzn" (weinen) und der Vater muß sich aus lauter Rührung wegdrehen. Nachdem dann die Tochter im Brautgewand von den Eltern den Segen mit dem Weihbrunn bekommen hat, wird aufgebrochen zum Wirt. Dort wartet schon der Bräutigam. – (Daß der Hochzeiter seinen Hochzeitstag verschwitzt hat, ist auch schon einmal vorgekommen. Wie man auf dem Hof nachgeschaut hat, ist er beim Ackern auf dem Feld draußen gewesen, da hats nacher aber pressiert!) Zwei Fichtenboschen zieren das Wirtshaustor, und die Musikanten spielen jeden Gast ein, für ein Trinkgeld selbstverständlich. Die Näherin heftet ein Rosmarinsträußlein an, den Weiberleuten ans Gewand, den Mannern auf den Hut – auch nicht umsonst –! Dem Prokurator aber fallen dabei lustige Schnaderhüpfeln ein.

Da Geldbeutl is woi' z'rissn,
dei Hosntürl voia Rost,
es is a koa Wunda,
wann 's Lebm sovui kost!

Kirchenzug und Hochzeitsamt

Nach dem Frühtrunk – Weißwürste gehören dazu – tritt der Prokurator als Zeremonienmeister auf und läßt zum Kirchenzug aufstellen: Voran die Musikkapelle, die Feuerwehr und der Burschenverein mit Fahnen, die Ehrväter, die Jungfrauen, jede hat das Jungfrauenkranzel auf, die Burschen, die Mannerleut und am End' die Weiberleut. Ja, man hatte noch Standesbewußtsein damals! Und auch in der Kirche mußte der Hochzeitslader wohl darauf bedacht sein, daß jeder nach Rang und Stand seinen Platz erhielt. Die Brautmutter ist bei Kirchenzug und Gottesdienst nicht dabei. Sonst gäb es ein Unglück!
Nachdem der Brautführer die Braut dem Bräutigam vorn am Altar zugeführt hat, braust die Orgel auf, und der Hochwürden Herr Pfarrer zieht mit den Ministranten von der Sakristei ins Presbyterium ein. Die feierliche Trauung, der Höhepunkt vom ganzen Hochzeitstag, kann beginnen: Eheringe, Rosenkränze und Gebetbüchel fürs Brautpaar werden geweiht. Auf die sechs Ja-Schwüre von den Brautleuten – laut und deutlich müssen sie sein! – und nach der kirchlichen Einsegnung der Ehe kommt das orgelfreudige Hochzeitsamt.

Beim Opfergang, das Brautpaar voraus und alle Hochzeitsleute hintennach um den Altar herum, da gibt es etwas zu schauen. Die Kranzljungfrau stellt als Geschenk einen Teller mit einer Lemone, dem Hochzeitssträußel und einem eingewickelten Fünfmarkstück auf den Altar. Nach der Wandlung bringt der Mesner dem Brautpaar das Evangelibuch, das aufgeschlagene Hochzeitsevangelium wird „abgebusselt“ und er kriegt ein Geldstückl. Beim Auszug des Brautpaares aus der Kirche geben die Gäste genau obacht: Setzt nämlich die Braut ihren Fuß vor den des Bräutigams, so heißt es gleich: „Die hat schon die Herrschaft im Haus, und er ist schon drinn' unterm Pantoffel!“
Am Kirchentor draußen versperren die Ministranten mit einem roten Zingulum dem Hochzeitszug den Weg. Er muß freigekauft werden.
Liegt ein Elternteil vom Hochzeitspaar schon im Grab, so wird jetzt dorthin gezogen. Der Prokurator hält Zwiesprache vom Diesseits zum Jenseits, von den Lebenden zu den Verstorbenen. Die Spielleut blasen ein Trauerstückl, und es werden die Schneuztüchl gebraucht.
Haben dann die Verstorbenen ihren Weichbrunn bekommen, so gehts im Zug hinüber zum Wirt. Die kirchliche Hochzeit ist vorbei, der weltliche Teil kann seinen Lauf nehmen.
Aber bei dem darf die Braut nicht lachen, denn eine lachende Braut, das gäbe eine weinende Frau!

Mittagsmahl

Mit schneidiger Marschmusik ist der Hochzeitszug beim Wirt angekommen, der wartet auf seiner Hausschwelle, zieht sein Samtkappel und begrüßt die Gäste. Die Köchin steht dabei und hält der Braut die Krautschüssel hin: „Braut, versuach 's Kraut!“ Diese wirft ein Trinkgeld in die Krautschüssel und rührt mit der Gabel drinn rum, der Brautführer weiß ein Gstanzl dazu:

> Und unsana Jungfrau Braut,
> dera schmeckt hoit 's Kraut,
> werd aba koans braucha,
> wann s' auf Gott vertraut!

Anschließend geht es hinauf in die Hochzeitsstube. Festlich ist diese geschmückt mit Fichtenreis und Girlanden. Jeder Maßkrug hat am

Griff ein Bandel mit Rosmarinsträußerl dran. Der Prokurator weist die Sitzplätze an: Am Brauttisch die Brautleute, die Beiständer oder Ehrväter, die Ehrmutter, die Eltern und der Hochwürden. Die Jungfrauen mit der Kranzljungfrau sitzen am Kranzltisch. Der Wirt teilt die „Bleche", die Bierzeichen aus, jedem fünf Stück, dafür gibts den freien Hochzeitstrunk. – Der Brautführer ruft zum Hungertanz auf: „Wer nicht mittanzt, der soll hernach auch nichts zu essen kriegen!"
Und jetzt kommt ein Duft von der Kuchel herauf und hintennach die dampfenden Schüsseln und Platten. Alles setzt sich zum Hochzeitsmahl: Drei Gänge hat dieses in der Regel, und es dauert ein paar Stunden: Mit Leberknödelsuppe mit Würstel drin fängt es an, – das Rindfleisch mit Blaukraut folgt, – zum dritten Gang wird Schweinernes mit Kraut, Soße und Knödel oder Ente, Gans oder Kalbfleisch aufgetragen, das richtet sich nach der Jahreszeit. Das süße Gebäck macht den Abschluß. Die Braut aber bekommt, schön verziert, das Sauschwänzel kredenzt. –
Und jetzt, ihr Hochzeitsleut machts euern Geldbeutel auf, falls ihr ihn schon zugebandelt habt! Der Wirt selber hebt das Mahlgeld ein, die Köchin kommt mit eingebundener Hand – am Kuchelofen hat' sie sich verbrannt – und hält jedem den Schöpflöffel unter die Nase. Hat das Mahl geschmeckt, so hat sie ein nobles Trinkgeld verdient. Der Hochzeitslader bespritzt jeden Gast mit „einem schmeckenden Wasser" (Parfüm) und kassiert dafür. Die Musikanten, welche so feierlich „übers Mahl gespielt haben", gehen mit einem Teller sammeln. – Auch die Kinder sollen an diesem großen Tag nicht vergessen sein. Die Ehrmutter und die Näherin steigen mit gegupftem Korb voller Krapferl und Leckerl auf den Wirtshausschrot und werfens den Kindern aus. Da geht es drunter und drüber! Und ist es auch auf den Boden gefallen, es schmeckt doch, es ist ja ein Hochzeitskrapferl!

Hofbeschau, Kranzlwein und Brautstehlen

Die Zeit von der Mittagstafel bis zum Kranzlwein wird ganz nach eigenem Gusto vertrieben: Die Frommen, besonders die älteren Weiberleut, halten Kirchen- und Friedhofbeschau. – Die Fremden von weiterher, wenn sie neugierig sind, mustern das Dorf. Die, welche es gemütlich mögen, es sind die Austrägler darunter, die bleiben sitzen, vertrinken ihr Freibier, die Mannerleut' rauchen eine Pfeife. Auf dem Tanzboden aber, da gefällt's den Jungen. Ist aber der Hof, in den geheiratet wird, im Dorf oder in der Nähe, so ist das Wichtigste die Hofbeschau. Ja, da gibt es etwas zu sehen und nicht nur für die besonders Neugierigen: Der ganze Hof, der Roßstall, der Kuhstall, der Saustall und das Haus vom obern Boden bis zum Keller hinunter stehen zum Anschauen offen. „Uh mei", kann man da hören, „dös is a reiche Braut, Sach hat dö, an doppeltn Kammerwagn, und dö vui Wäsch und d'Leinwand, mei und erst dö Gwander, vo dö Schuah gar nöt zu redn!" Alle Kastentürl und Kommodschubläden sind offen, wär wirklich noch einer zu, die neugierigen Weiberleut würden ihn schon herausziehen. Die Mannerleut' taxiern lieber das Vieh, die Kühe, Kälber und den Stolz vom Bauern, die Roß, die tragende Stute, da treibts ihnen die Augen heraus! – Der Gesprächstoff für Wochen geht nimmer aus. –

Inzwischen werden die Leute im Gasthaus ständig mehr, die Draufgeher finden sich ein. Sie sind nicht offiziell geladen. Es sind die Ehehälften von den geladenen Gästen, die Nachbarn, Burschen und Madel, die sich auf die Tanzmusik freuen. Der Brautführer hat's am Nachmittag „nötig" auf dem Tanzboden. Er bestellt beim Musikmeister die Tänze – 100 Markstückel und ein Paar funkelnagelneue Tanzstiefel hat er vom Bräutigam gekriegt –, und er führt mit der Kranzljungfrau die Tänze an. – Dann aber beordert der Prokurator alle Gäste zum Kranzlwein in die Hochzeitsstuben. Die Ehrmutter bewirtet mit Leckerl, Torte und süßem Wein.

Wenn man viel trinkt, muß man auch einmal hinausgehen. Wie der Bräutigam wieder hereinkommt, ist seine Braut nimmer da. „Hochzeiter, jetzt hamms da d'Braut vazogn!" bekommt er zu hören. Diese sitzt mit den Entführern – es sind die Burschen aus dem Dorf – beim Untern Wirt, beim Obern ist die Hochzeit heute, und sie läßt sich gut bewirten. Es ist grad gut, daß sie das Brautbukett auch mitgenommen hat, sonst müßte sie die Zeche zahlen, so aber muß der Hochzeiter „auslösen". Mit der Musik, auch Hochzeitsgäste, welche noch Durst auf Freibier haben, schließen sich an, zieht der Bräutigam zum Untern Wirt. Nach ausgiebiger Zeche, die er bezahlen darf, geht's wieder zurück zum Obern Wirt. Dort warten schon die Gstanzlsänger auf den bestohlenen Bräutigam:

Ja liaba Herr Bräutigam,
dös geht guat o,
hams da am Houzattag
's Weib scho davo!

Nachtmahl und „Abdanken"

Draußen fängt es zu nachteln an und auf die Strapazen vom Tanzboden und beim Brautstehlen rührt sich der Magen. Da hört man auch schon den Zeremonienmeister: „Verehrte Gäste, wollet Platz nehmen zum Nachtmahl!" Aufgetischt wird Züngerl oder Weinbeerlsuppe und Kalbfleisch.

Kaum ist der Tisch abgeräumt, so wartet schon alles ganz gespannt auf einen Hauptteil der weltlichen Bauernhochzeit, auf das „Abdanken". „Schenken" sagen sie im Vilstal, und das trifft den Nagel besser auf den Kopf. Es ist dies eine einträgliche Sache fürs Brautpaar und etwas zum Schauen und „Lusen" für die Hochzeitsgäste. Am Brauttisch stehen vier Weingläser und etliche Flaschen süßer Wein bereit und das wichtigste Requisit, eine Schüssel mit einem Zinnteller darauf. Fünf Musikanten halten schon ihre Instrumente bereit, die anderen werkeln auf dem Tanzboden weiter.

Der Prokurator stellt sich in Positur, tut noch einen Räusperer, und ganz feierlich hebt er an:

„Hochzuverehrende Gäste! Ein schöner, ein herrlicher Tag ist heute für uns alle. Alles freut sich, daß der Herr im Himmel ein so liebes Brautpaar zusammengeführt hat. Im Triumphe begleiteten wir das edle Paar zur Einsegnung in die Kirche. – Das edle Brautpaar bedankt sich beim hochwürdigen Pfarrherrn für die Spendung des heiligen Ehesakramentes. Vivat! – Nach geendigtem Hochzeitsamte begleiteten wir das Brautpaar in dieses löbliche Gasthaus allhier. Das Brautpaar bedankt sich für das großartige Hochzeitsmahl. Vivat! – Es ist nun löblicher Brauch, daß jeder Hochzeitsgast der Jungfer Braut ein wenig Schüssel- oder Haferlgeld verehre. Greife daher jeder hurtig in seinen Sack und ziehe er ein paar, oder ein halb Dutzend Taler heraus. Jetzt auf zum Dank."

Und so wie er nach Verwandtschaftsgrad, Stand und Rang seine Liste zusammengestellt hat, so ruft der Hochzeitslader einen nach dem andern auf. Der kommt vor, trinkt „Prost“ mit den Brautleuten, legt sein Schenkgeld – in einem Briefumschlag mit Namen versehen – auf den Zinnteller, die Musikanten spielen „Vivat“, er zahlt das Trinkgeld dafür und geht zurück auf seinen Platz. Der Brautführer, der dabeisteht, hat schon etwas derlurt und schon kommt sein Gstanzl und oft wird ihm auch dagegen gesungen:

Bist a wunderschöns Maderl,
vom Fuß bis zum Kopf,
grad am Höis hast a Knöpfal,
dös nennt ma an Kropf!

Ja das Aussingen, das gibt eine Gaudi! Ein jeder möchte das mitkriegen. Grad hineingedrückt sind die Leute in der Hochzeitsstube. Und daß der Gsanzlsänger bei den etwa hundert Gästen zum Schluß nur mehr „halsrig kräht“, das ist kein Wunder. Auch sein Hirn kommt ihm ganz ausgelaugt vor. Die Gstanzl sind ja alle aus dem Stegreif gesungen, schlagfertig hat er sein müssen beim Dagegensingen, und er ist keines schuldig geblieben.
Die Schüssel auf dem Brauttisch ist zum Überlaufen voll, die Brautleute freuen sich darüber. Aber jetzt rückt nochmal eine Prozession an. Nachgeehrt wird: Die Ehrmutter bringt das Wickelkissen, der Brautführer eine Uhr, die Kranzljungfrau ein Kaffeegeschirr, die Vorstände von Feuerwehr, Burschen- und Jungfrauenverein eine Wärmflasche, Waschgeschirr und Bettdecken.
Zum Schluß bedankt sich der Prokurator beim Herrn Hochzeiter und bei der Jungfrau Hochzeiterin, bei der „Freundschaft“ und bittet, mit seiner Prokuration zufrieden zu sein und ihn weiter zu empfehlen.

’s Bschoadtüchl

’s Essn höit Leib und Seel zamm’, sagt ein altbayerischer Spruch. Und das Hochzeitsessen hat bewiesen, daß der Niederbayer diesen Spruch ernst nimmt. Auch der größte Bauch – „nöt amöi dö rundast Wampn“ – hat das aufnehmen können, was es an diesem Tag alles gegeben hat. Ja, das sind noch Fleischstücke gewesen, damals, als man noch nichts von Kalorien wußte. – Alle Überbleibsel sind in ein Pergamentpapier gewickelt worden und in ein eigens dazu mitgebrachtes Salvett, ins „Bschoadtüchl“ gekommen. Ein Mords Packel ist das geworden, und

Hochzeitsgstanzln

3. An Fuaß hamma aufghobm und eini samma gstign,
Jetzt möcht ma halt hörn an Brautführer sei Stimm!

4. Da Brautführer hat gjuchazt, daß alles hat gellt,
Musikantn, spielts auf, mir ham ā' a schöns Geld!

5. Da Brautführer is kreuzfidel, geht eam morgn wiader Will,
Geht eam morgn no so schlecht, gschiaht eam grad recht.

6. Der Kranzljungfrau sei Kranzal blüht umadum weiß.
Um die Zeit no Jungfrau sei, kost' halt an Fleiß.

7. Aba Brautleut, habts gheirat', wir wünschen enk viel Glück!
Denn mia braucht ja a Glück, wenn ma in Ehestand tritt.

8. Gebet hat ma g'littn und Kreuz hat ma gmacht,
Jetzt wünsch ma die Brautleut a ruhsame Nacht!

9. A ruhsame Nacht und a bißl a freie Zeit
Wünsch ma dö Brautleut, wenns a's Bett eini steign. Juchhei.

Aus: K. Hubert/L. Simbeck: Niederbairisches Liederbuch. München o. J.

so sind tags darauf die Daheimgebliebenen auch noch zu ihrem Hochzeitsmahl gekommen.
Auf dem Tanzboden ruft jetzt der Brautführer zur letzten Hochzeitszeremonie auf, zu den Ehrentänzen. Das Hochzeitspaar kriegt natürlich den ersten. Jetzt kommt der Brautführer mit einer brennenden Laterne und sucht den Saal nach Jungfrauen ab. Da kommen aber diese und tanzen ihren Jungfrauentanz.
Auch der längste Tag hat einmal ein End, so auch der Hochzeitstag! Josef Schlicht schreibt: „Eine niederbayerische Bauernhochzeit durchmachen mit Essen, Trinken, Weinen, Lachen, Zahlen, das ist ein Stückel Arbeit im Schweiße des Angesichtes!"
„Einspanna", hört man da schon schreien. Das Brautpaar gehört vor Mitternacht heim, so ist es Brauch. Ein letzter Zutrunk und schneidig werden sie von der Musikkapelle hinausgespielt.
Auch der Hochwürden geht vor zwölf heim. Er nimmt noch ein Schnüpfel, und voll Zufriedenheit denkt er bei sich: Einen schönen Hochzeitstag hast gehabt heute, aber verheiratet bist halt doch nicht – Gott sei Dank!

's Außispuin, d'Brautnacht und d'Glückssuppn

Das „Außi- oder Hoamspuin" bringt für die Musiker das letzte Trinkgeld. Und falls der Spender schon ein wenig Übergewicht hat, oft kein schlechtes. Der Reithuber, ein großer Bauer, er hat heute weit über seine Bleche hinausgetrunken und wackelt schon ein wenig, er läßt sich selbstverständlich bis zu seinem Hoftor im Dorf heimspielen. Wie die Musiker zurückkommen, fragt gleich der Falterbauern-Peter, auch ein gewichtiger Ökonom: „Hat si da Reithuaba hoamspuin lassn? – Was hat er euch zahlt?" – „Zehn Mark." – „Da habts zwanzge!" Und auf geht's.
Es dauert schon eine Zeit, bis die letzten hinausfinden und der Wirt zusperren kann. Nachdem dann der allerletzte heimgesungen hat, kann sich die friedliche Nacht über das Dorf legen.
Ob das Hochzeitspaar eine ungestörte Brautnacht hat, das ist fraglich. Den ganzen Tag ist ja ihre Schlafkammer zur Beschau offengestanden. Da kann es schon passieren, daß die Betten durchfallen, weil die Burschen die Bretter unterm Strohsack herausgenommen und ver-

steckt haben. Vielleicht rattert auch alle Stunde ein versteckter Wecker.
Am nächsten Tag müssen sie trotzdem frühzeitig heraus. Die Kirchenglocken rufen zum Nachhochzeitsamt. Am Vormittag heißt es dann Schenkgeld zählen und aufschreiben, damit man bei der nächsten Hochzeit weiß, wieviel man zurückschenken muß. So ist dieses „Haferlgeld" am Ende eigentlich nur geliehen. Ein richtiger Bauernhochzeiter legt nämlich seinen Stolz darein, daß er seinen Gästen, wenn er zu ihrer Hochzeit geladen wird, mindestens das gleiche, wenn nicht mehr zurückschenkt.
Acht Tage darauf ist am Hof der Braut die Sonntags- oder Nachhochzeit. Zu dieser „Glückssuppe" – wie sie auch mancherorts geheißen wird – kommt nur die nähere „Freundschaft". Und dann fängt der Alltag an mit Arbeit, Müh, Freud und Plag!

Dö niedabayerisch Bauernhouzet hamm mir heut betracht,
a dö ganzn Bräuch drum rum, auf dö ma hat g'acht.

Auf d'Sach hat ma frühast scho ganz bsunders gschaut,
aufn Fleiß und auf d'Tüchtigkeit sei Ehe aufbaut.

Sie hat a fest ghöitn, a langs, arbeitsreichs Lebm
und dö göidanö Houzat, dös is koa Seltenheit gwen!

Daß dös Brauchtum nöt ganz vagessn werd, drum is niedagschriebm
Es is scho vui gnua aus dö Leut eahnana Erinnrung vatriebm!

Der geweißelte Hochzeitsgast

Der Wirts-Moritz von Rottersdorf ist einmal zur Hochzeit einer Base nach Hackerskofen eingeladen worden. Er hat, wie es sich zu so einem Anlaß schickt, seine schwarze Montur angelegt und den Sammethut aufgesetzt. Weil es ein sonniger Tag gewesen ist, und man bis zum Hochzeitsort gewiß etliche Stunden zu Fuß gebraucht hätte, ist der Moritz auf sein Fahrradl aufgesessen und hat die „Roos" im Stall stehen lassen.
Beim Eckenhard-Peter am Dorfeingang von Griesbach sind seine heimatkundlichen Kenntnisse ausgegangen, was soviel heißt, daß er nicht weiter gewußt hat. Hackerskofen liegt zwar auf einer Anhöhe, aber doch hinter Holz versteckt. Die Eckenhard-Peterin hat gerade

den Hennendreck von der Gred hinuntergekehrt. Der Moritz ist abgestiegen und hat um Auskunft gefragt. Die Befragte hat sich wohl selber nicht ausgekannt und deshalb dem Ihrigen geschrien, der gerade beim Stallweißen gewesen ist. Der Peter ist nach einem kleinen „Örtl" (Weilchen) herausgekommen, in weißem „Fetzen" (Schurz), über und über kalkbetupft, in seiner Hand den Maurerpinsel am langen Stangel. Seines Zeichens gemeindlicher Polizeidiener, hat sich der Peter sogleich in Positur gesetzt, wie es sich gehört und Wegweisung erteilt mit Mund und Pinsel: „Da fahrst jetzt ins Dorf eini, verstehst, hast ghört, nachert beim Bachbrücki aso umi, verstehst, hast ghört, weida in Richtung Gabikofa, da böigst aso aufi, verstehst, hast ghört, nachert kimmt nochamöi a kloanö Reibm (Kurve), kannst aba eigantli gar nöt fehln, wei Hackerskofa, das liegt mittn drin zwischen Pilberskofa, Hüttnkofa, Anterskofa, Gabikofa und Hirnkofa, Hirn braucht ma aba gar nöt vui, daß ma hifindt!"
So hat der Peter dienstbeflissen dem Moriz den Weg zum Hochzeitsort beschrieben und jede Wegbiegung mit dem Weißpinsel mitgezeigt, und das mit Schwung. Dem Moritz ist es freilich ein wenig vorgekommen, als täte es zu regnen anfangen, es hat aber die Sonne geschienen. So hat er sich freundlich bedankt und ist Hackerskofen zugeradelt.
Da gab es ein Lachen, Schreien und was zum Aussingen für den Prokurator über den Ankömmling, der einem scheckigen Schimmel gleichgesehen hat.

Heut ham ma an Dokta, an Bada scho braucht

Oft a Mensch schuft und tuat Göid einatreibm,
öis derfat er öiwei auf dera Wöid bleibm.
Aufamöi stockts – und er werd' langsam,
es zwickt und truckt'n da und dort a Wehdam.
Jetzad erst spannt er's, und er kimmt drauf:
es steht wirkli nix üba d'Gsundheit auf!

November steht auf dem Kalender, Spätherbst ist's, Allerseelenzeit. Das Jahr wird müde und neigt sich dem Ende zu. Wer gern wandert, geht auch jetzt noch hinaus in die Natur, vielleicht um dem Sommer nachzusinnieren, der endgültig vorbei ist. Wie ein altes Mutterl, das seine grauen Haare unter einem „gscheckatn" Kopftüchel versteckt, hat sie sich im Oktober noch einmal geziert, hat sich farbig angestrichen, aber der Herbstwind hat die Schminke weggeblasen.
Auch ich bin vor etlichen Tagen meine Holzwege entlanggelaufen mit meinem Hund, vorbei am Rehgeißlplatz, am Moosweg dahin, bin stehengeblieben unter der weitastigen Birke, hab die Augen zugemacht und wieder den Rotkappendrilling aus dem Heidekraut leuchten sehen, habs aufgemacht, etliche „Schmöihan" (Grashalme) und „a zammgschnarchta Döttaling" (Pilzart) sind dagestanden. Auf dem Moos haben ein paar Tauperlen geleuchtet, welche die Sonne bis zum Nachmittag nimmer hat auflecken können. Am Ameisenhaufen, bei dem ich auf meinen Sommerspaziergängen hie und da stehengeblieben bin, um dem „Gwurl" zuzuschauen, rührt sich nichts mehr, und alles ist still jetzt draußen im Holz, mäusalstill. –
Frühzeitig fängts zu nächteln an, wenn es der Nebel hat überhaupt richtig Tag werden lassen, und gern dreht man um, es zieht einen heimzu in die warme Stube. Und da sitzt man jetzt wieder, mit dem Rücken am Kachelofen, der erneut zu Ehren kommt. Und dabei soll erzählt werden aus Großvaters Zeiten, wie da die Leute mit Krankheit und „Wehdam" fertiggeworden sind, und wie Doktoren und Bader kuriert haben, den Menschen und auch das Vieh. So gern uns in dieser nüchternen Zeit das Heimweh packt nach der früheren, vergangenen, vielleicht sind wir nach diesen Gschichteln froh, daß wir in der heutigen leben dürfen!

Heut ham ma an Dokta, an Bada scho braucht
es hat sich a Heuschreck sei Fuaßal verstaucht.
Es hat sich a Mück'n ihr Flüagal verrenkt,
wer hätt' denn no gestern an so etwas denkt!

Was kann do da Dokta für a bsundernö Kunst:
der Heuschreck hupft wieder ganz lustig wia sunst.
Und a der Herr Bada ist a grundgscheita Mo,
Dö Mückn flöigt wieder ganz lusti davo.

A Zeisal war gesting beim Bada recht spat,
hat gfragt, ob er für die Liab gar nixn hat.
Der Bada hat gsagt: „[illegible] dein Mo recht schö o,
werst sehngn wia er glei um dich rumhupfa ko!"

A Oachkatzlweibal is zum Dokta schnell grennt,
es hat sich beim Ratschn sei Goschal vabrennt.
Er moant, den Kopf müaß ma glei wegoperiern,
dann kann dir a zwoatsmöi dös nimma passiern!

Im Früahjahr, wann d'Sunna dö Bleamal rauslockt,
hoch drobm auf da Tanna da Tauberer hockt.
Er gurrazt, bis 's Täubal eahm zualacht vöi Freud,
dö brauchan koan Dokta, koan Bada mehr heut!

Der Mensch und die Krankheit

A guata Dokta daspart am Pfarrer vui Versehgang!

Seit der Vertreibung aus dem Paradies ist der Mensch von Krankheit heimgesucht und geplagt. Und bis heute hat er es nicht fertiggebracht, sie abzuschaffen. Eher schaut es gleich so aus: Mit einer wird er fertig und zwei neue bedrohen ihn. „Zum Mondschei kinnans flieagn", hat der Holzweber lamentiert, „aber 'sKranksein und 'sSterbm kinnas nöt abbringa!" Ein alter Grantler, muß man da sagen, weil noch zu keiner Zeit die Kunst der Mediziner so groß gewesen ist, wie in unserer. Schlecht hat es da früher ausgeschaut, besonders auf dem Lande. Den Doktor aus der Stadt hat man sich kaum leisten können ohne Kasse, und so hat der approbierte Bader kuriert, hat Schröpfköpfe gesetzt und Blutegel, hat zur Ader gelassen, Pillen, Salben, Safterl und Wundpflaster verordnet. – Freilich ist der Mensch damals wohl allgemein gesünder gewesen als heute, er hat einfacher gelebt und das Wort

„Streß“ hat es noch nicht gegeben. „D'Menschheit werd allaweil toagiger“, hat der Schustermann festgestellt, „mei Ahndl hat die Glatzn erst mit neunzge krieagt, heutzutags ham sie's scho mit vierzge!“

Erst wenn sei Leibspeis, „'s Oarschmöiz, da Bettlmo oder d'Biersuppn“ nicht genutzt haben beim Kranken, wenn die Hausmittel auch nicht geholfen haben, und der Schinder, der Hüter und der Bader nicht mehr weiter gewußt haben, ist der Doktor geholt worden.

Der alte Haslbeckvater, Wittiber (Witwer) und Austrägler, er hatte in der oberen Stube sein Krankenbett. Beim Holzfahren für einen „Abbrandler“ hat er sich „verdirbt“ (erkältet) gehabt und seitdem recht schwer geschnauft. Weil die Leute auf dem Hof nicht ständig für ihn Zeit hatten, drum hat er sich's praktisch eingerichtet: Am „Klọbm“ (Vorrichtung zum Hochziehen) von der Brettendecke herab, konnte er sich aufrichten im Bett, an einem Schnürl ist die Sackuhr gehängt, weil Kranken ja oft die Zeit lange wird, mit seinem Hackelstecken hat er die Wärme vom Sägspänofen reguliert und mit einem Strick an der Türschnallen Frischluft von der Dielen hereingelassen.

Als eines Nachts den Haslbeck der Husten und der Wehdam recht mächtig anfallen, sind die Jungen gekommen, denen er ebenfalls mit Eigenbauvorrichtung geläutet hatte und haben gefragt: „Vater, sollen wir um den Doktor schicken, oder den Pfarrer holen?“ – „Na, da Ziagla söi kemma!“, das war sein Spezi und Nachbar. Der Wunsch des Kranken ist erfüllt worden, die beiden haben eine Weile von vergangenen Zeiten „geschmatzt“, der Husten ist stiller geworden und der Wehdam verschwunden.

„Ja der muß g'sund sein“, hat die Hanslöderin von ihrem Nachbarn gesagt, „daß er sovui Krankatn aushöit“, wie ihr der Doktor erzählte, daß es bei dem Kranken wieder aufwärts gehe. Zu ihr aber hat der Doktor gemeint: „Du, Hanslöderin, derfst froh sei, wannst so alt werst, wiast ausschaugst!“

Arg geplagt werden kann der Mensch vom Zahnweh. Ein Bader, der gut und vor allem billig Zähne reißen konnte, ist in weitem Umkreis gefragt gewesen.

„Stimmt dös, daß enka Bada so billig Zähn reißt?“ hat der Schuillöder gefragt. – „Na ja, er hat höit in der Stund zeha Mark!“ hat der drauf gebrummt.

Die Kinder haben, wenn der Schulweg recht weit und der Lehrer sehr

streng war, manchmal die „Schukrankat“ bekommen. Auch wir wären einmal auf dem Weg zur Schule bald umgekehrt, wie der alte Reitbauer am Hoftürl gestanden ist und behauptet hat: „Buama, heut is koa Schui, da Lehra is dö ganz Nacht g'legn!“
Und weil wir schon bei den Kindern sind, wie ist das damals gewesen beim Kinderkriegen, bei der Niederkunft? „Vierzeha Kinda han i zur Welt bracht, ham alle eahnanö gradn Glieda und han koan Dokta nöt braucht und d'Hebamm han i grad gnumma, wei a mi nöt wöit anschaun lassn. Um a Scherzl Brot bin i niedakemma!“ Und weil das Kindbettfieber recht gefürchtet gewesen ist, hat man darum Zuflucht genommen zur heiligen Margareth, der Patronin der Gebärenden.

I bin a arma Taferlmaler, 's Unglück is mei Brot,
doch Freud' han i am Unglück nöt, dös woaß der liabö Gott!

Nicht nur von Krankheit ist der Mensch bedroht auf dieser Welt, auch von Unfällen. So wie heute einer sein Auto zusammenrennt, so hat damals mancher bei zu rasanter Fahrt mit den Rössern sein Gäuwagl „aufgescheitert“. Und der Taferlmaler hat stets sein Brot verdient. Auch bei der Arbeit im Holz mit den schweren Bäumen ist es zu Unfällen gekommen, und so gab es für den Bader, welcher die „niedere Chirurgie“ betrieben hat, immer etwas zu tun. Und dann erst bei hohen Bauerfeiertagen, wie bei der Kirta: Wenn nach der so und sovielten Maß Meinungsverschiedenheiten mit dem Maßkrug oder gar mit einem Messer ausgetragen wurden, da hat der Bader Salben und Pflaster herrichten dürfen. Oder wenn einer zu tief in den Maßkrug geschaut und tags darauf sterbenskrank war: „Lauter Rausch ist's nöt, a wengal a Krankat is a dabei!“ hat der Bader der Ehefrau des Patienten erklärt. Und ein Büschel Kraut aus der großen „Bodern“ (Krautfaß) hat den Magen ausgeräumt und das Übel vertrieben.

Einwendig und auswendig kurieren

„Wer lang huast', der lebt lang!“ hat es früher geheißen, und unsere Großmutter hat uns ein Verserl aufgesagt, wenn sie uns zur Schwitzkur in das Bett gepackelt hat, weil wir vom Umeinanderrennen draußen in der Nässe und Kälte ganz „marod“ gewesen sind:

„Da Sepp, der geht zum Dokta und klagt: ‚Herr Dokta, mir fehlt's höit auf da Brust, der Huastn tuat mir narrisch weh, zu nix han i a Lust!‘ Da Dokta sagt: ‚Dös hamm ma glei!‘ Vaschreibt am Sepp an Tee. ‚Den kriagst beim Apotheka drent!‘ und sagt dazua ‚ade!‘ Am andern Tag da Dokta kimmt und fragt: ‚Na, Sepp, wia geht's, hast den Tee scho fest gebraucht?' ‚Ja‘, moant der, ‚woi, woi, aba a söichs misrabligs Kraut han i meina Lebtag no nöt graucht!‘“

Wenn der Altbayer krank ist, möcht er halt einen Doktor, der „ihn glei darät“ (der gleich weiß, was ihm fehlt). Dieser wird dann übern Schellnkönig gelobt bei Nachbarn, Vettern und Basen, und bei dem werden bald die Kranken anstehen, wie die Leut' zum Beichten. – Auch gleichsehen soll er etwas, der Doktor. Als einmal der Aushilfsarzt, ein „nieders Manndei“, zum Stallbauern gekommen ist zur Visit, hat dieser gezweifelt: „Was dös Grischpal möcht d'Leut richtn kinna?“ – Und der Kranke möchte gründlich kuriert werden, einwendig und auswendig. Zum Einschmieren und zum Einnehmen soll der Doktor etwas verschreiben, und wenn der Patient beides auch verwechselt, es hat doch „angriffa“ und geholfen.

Der Ludabeck hat sich einmal, im Herbst ist es gewesen, recht elendig gefühlt. Ausgeschaut hat er „wia a gspiebms Äpfikoch“ und „d'Huastn han i obm und unt“, jammerte er. Da fällt ihm ein, daß er noch eine halbe Flasche Medizin auf seinem Kasten stehen hat, die ihm der Schäfer für seinen kranken Ochsen gegeben hatte, der aber nach Einnahme von nur der Hälfte aus der Welt hinausgefahren ist. „Zehn Mark“, überlegt er, „hats gekostet, die Medizin, zum Wegschüttn reuts' mi frei.“ So setzt er an und trinkt in einem Zug aus. Einen ganzen Tag war ihm darauf nicht ganz gut, aber dann hat es ihn ausgeräumt, als wenn der jüngste Tag käme, und darauf ist er wieder kerngesund worden.

Aber auch die Weiberleut' haben oftmals einen eisernen „Gsund“ gehabt. Und so hat das Sprichwort behauptet: *An eisana Herrgott, a stoanana Sautrog und an öits Weib han an ewigs Werk!*

Grad gegan Tod is koa Kraut gwachsn!

Auch heutzutage werden wieder Naturheilmittel, Tees und Extrakte von Kräutern und Wurzeln in Apotheken und Drogerien angeboten. Zu Großvaters Zeiten hat man sie selber gesammelt: Kamille und Schafgarbe, Johannis- und Tausendguldenkraut, Lindenblüten und Hollerblätter sind zu Tee gekocht worden „für einwendig". Mit Frauenmänterl, Brennessel und Frauen-„Stupp" hat man „auswendig" kuriert. Mit Ameisensäure ist bei Gicht eingerieben worden. Wichtig ist die Hollerstauden gewesen. „Herrgottsapotheke" hat man sie geheißen, und dreimal soll man vor ihr den Hut ziehen. Ihre Rinde und Wurzeln sollten Linderung bei Darmstörungen bringen. Und erst gar das „Hollerkoch", das ist gesund! „Aber zuvui is ungsund, und wanns lauta Medizin waar!" hat der Hölzlschneider gemeint und hat lieber mit Kloster-Kräuterlikör bei sich kuriert.

Einmal hatte er es recht im Hals und das „Schlinden" (Schlucken) ist ihm sehr hart angekommen. Da hätte ihm die Seinige alle möglichen Leibspeisen angeboten, sie hat „Oarschmöiz" gebraten und einen „Bettlmoan", er aber hat gegreint: „Schau daßt weitakimmst, jetzt, wo i nix obibring, kam s' daher. Koch mir's, wann i wieder gsund bin!"

Die Nachbarin hat ihn besucht und getröstet: „Ma muaß allawei 's Best hoffa, 's Schlechta kimmt vo selm!" Viel Gemüse soll er essen, das richte einen wieder zusammen, hat sie geraten. „Dös oanzig Gmüas, dös wo i mag, is 's Bier!", hat er drauf gebrummt. Er hat das Medizinflascherl vom Bader zum Fenster hinausgefeuert, ist aufgestanden und zum Wirt gegangen und hat sich gesagt: „Liaba an Rausch öis a Fieba!"

Und der Hüttenmann hat es gerade so gemacht. Ihm hatte der Doktor Fleisch und Bier verboten, weil er von der Gicht recht geplagt wurde. Was hat er gesagt: „Trink i, so hink i. Trink i nöt, so hink i a. Drum liaba ghunka öis nöt trunka und dennat ghunka!"

Gern hat man bei Krankheiten auch Sympathiemittel angewendet, die seit Generationen vererbt worden sind: Bei Halsweh den Strumpf, den man tagsüber getragen hatte, um den Hals gewickelt; bei Abszessen Überschläge mit heißer Weizenkleie oder mit warmem Kuhmist (man braucht nur die liegende Kuh aufzusprengen, dann liefert sie ihn gleich); beim Schnackler an drei „Platterte" (Glatzköpfige) denken,

beim „Dannerwaschl“ oder bei Ohrenweh warme Kuhmilch ins Ohr schütten. –
„Ja Übel muaß Übel vertreiben!“ hat der Schuasterbader gesagt.

Ansprechen, Wenden, Gesundbeten

„Was i anschau, söi groß wern, was i anrühr, söi kloa wern, Mondschei, nimms zu dir, i bet' an Vaterunser dafür!“ Mit dem Vers, so denkt der alte Hammerlbauer, ein rüstiger Neunziger, zurück, ist zu meiner Kinderzeit Krankheit angesprochen worden. Er kann etliche Frauen aufzählen, die es praktizierten, und die „wenden“ konnten bei Warzen und Gewächsen.
Gicht und Rheumatismus sind kuriert worden mit drei Pillen aus Brot und Wieslbalg drin und dem Spruch: „Söist wieda laufa kinna wia a Wieasl!“ Mit dem Saft von der Hauswurzen, welche auf dem Dach gewachsen ist, hat man Schrunden an Händen und Füßen eingerieben, Verstauchungen mit Überschlägen aus Lehm und Obstessig behandelt. Der Bader hat ausgerenkte Glieder eingerichtet und gebrochene geschient. „Mit der Zeit kann aus dem schönsten Hals a Kropf wern!“ war sein Ausspruch und dann hat er eine extra Salbe verordnet.
Der Luderbeck-Franz erinnert sich: „Mei Vater hat gleich die Gabl, wann sich eines damit gestochen hat, oder den Mistkrall, in den jemand getreten war, ins Häusl hinuntergesteckt, daß sich ja keine Blutvergiftung dazuschlagt.“ Der Peilvater weiß von einer Kur zu berichten, die bei Kindern mit „Unterwuchs“ angewendet worden ist: Man hat im Wald draußen eine frei in einem Bogen gewachsene Baumwurzel gesucht und das verwachsene Kind hindurchgezogen.
Die Mutter der Postwirtin hat mit dem „Siebenjahrgarn“ gegen das „Zehrfieber“ bei Frauen geholfen. Dieses Garn ist im Alter von sieben Jahren von ihr gesponnen worden. Ein Garnstückel ist vom Fuß bis zum Kopf gemessen, zu einem Knäuel gedreht und auf einem Löffel verbrannt worden. Die Asche davon mußte eingenommen werden.
Die Wirtin kennt etliche Fälle, wo Frauen, die an einer Art Gemütskrankheit und damit verbundener Auszehrung gelitten haben, daraufhin wieder ganz gesund wurden.
Einem Dirndl, das mit 14 Monaten weder gehen noch sitzen konnte – der Doktor bezeichnete dies mit „englischer Krankheit“ –, hat eine

alte Bäuerin mit „Wenden“ geholfen. Sie hat im Garten draußen zwei Rasenstücke ausgestochen, so groß wie die Fußsohlen des Kindes, und umgewendet auf die Zaunsäule gelegt. Die Bäuerin und auch die Mutter des Kindes mußten eine Novene, neun Tage aufwärts und abwärts, jeden Tag ein Vaterunser mehr und dann weniger beten und zum Schluß die Allerheiligen-Litanei. Das Kind konnte nach drei Wochen laufen. – Die Kunst des Wendens ist über Generationen unter dem Siegel der Verschwiegenheit mündlich weitergegeben worden. Wer davon aussagte, verlor die Kraft.
„Gesundbeten“ ist Aberglaube, sagt das Lexikon. Aber wie nahe liegen manchmal Glaube und Aberglaube beieinander! Und was tut der Mensch nicht alles, der in seiner Krankheit nicht mehr aus und ein weiß! Glaube kann Berge versetzen! Auf diese Weise sind vielleicht die Heilerfolge solcher Methoden zu erklären.

Heilige als Fürsprecher

„O, du heiliger Bischof und Märtyrer Sankt Valentin, erwirb uns durch deine Verdienste, daß wir vom fallenden Übel behüt’ werden!“ So ist zum Patron gegen „’s Hinfallats“ gebetet worden, und das Mirakelbuch und die Votivtafeln in seiner Kirche zu Diepoltskirchen berichten davon, daß die kranken Leut’ Erhörung gefunden haben.
In seinen Nöten an Seele und Leib und wenn man bei Siechtum und Krankheit überhaupt nimmer ein und aus wußte, hat sich der christgläubige Mensch zum Himmel gewendet und das über Vermittler und Fürsprecher, die Gottesmutter und die Heiligen. Die vielen und oft bedeutsamen Marienwallfahrtsorte geben Zeugnis davon und sie berichten von Leid und Elend und von Erhörung, so Maria Hilf in Passau, Vilsbiburg, Sammerei, Gartlberg, Bogenberg und vor allem Altötting. Wer hätte nicht schon den Bericht vom „Stocker-Kreuz“ gelesen, der erzählt, daß die Gottesmutter einen Wundstarren vor dem lebendigen Eingraben errettet hat!
Eine ganze Litanei von Heiligen kann man aufzählen, zu denen die Menschen in Krankheit und Unglück Zuflucht genommen haben: Sankt Sebastian ist der Patron gegen Pest, Sankt Blasius gegen Halskrankheiten, die heilige Balbina wird angerufen bei Kropfleiden, die heilige Apollonia bei Zahnweh. Gegen den Veitstanz hat man sich zum

heiligen Vitus gewendet und bei Augenleiden zu Sankt Ottilie, in der Gicht zum Theobald und bei Tollwut zum Hubertus. Der heilige Johannes, der ohne Schaden den Giftbecher getrunken, ist Fürsprecher bei Vergiftungen. Manch ein Heiliger ist nicht nur bei Krankheit angerufen worden, sondern man hat sich ihm auch bei Unglück im Stall anvertraut: So wird Sankt Leonhard, der „bayerische Herrgott", als Patron für glückliche Entbindung verehrt. Mit inbrünstigem Gebet, auf Wallfahrten und mit Gelübden sind die Heiligen beschworen worden, und die Schatzkammern so mancher Wallfahrtskirchen sind Beweis für die Opferfreudigkeit der Bittsteller.
Daß einer sein Gelübde gebrochen hat, ist wohl selten passiert, in Heiligenberg aber gibt es so ein Zeugnis: Der Enggruber, der von Krankheit und Unglück in Haus und Stall ist heimgesucht worden, er hat sich zum heiligen Erasmus von Heiligenberg versprochen und Erhörung gefunden. Als Opfergabe hat er eine schöne Kalbin zur Kirche „geweist". Dort angekommen, hat es den Enggruber gereut und er wollte wieder umkehren mit dem Ausruf: „Göi, wann ma d'Radl schmierbt, nachert gehts!" Da hat sich das Opfertier gespreizt und seine Klauen in den Pflasterstein eingedrückt. Diese Spuren sind heute noch in der Kirchenmauer zu sehen.

Krankheiten beim Vieh

„Mensch und Vieh söi ma nöt zammgleicha, sunst steigt da Viechpreis!" hat der Garantie-Xaverl, ein durchtriebener Händler, behauptet.
Und wie ist das bei Krankheit? So, wie ein Schwerkranker in der Familie den Angehörigen Sorgen und Kummer bereitet, so kann auch krankes Vieh seinem Besitzer schwer zu schaffen machen. Krankheit und Wunden sind zur damaligen Zeit bei Mensch und Tier oftmals mit den nämlichen Mitteln kuriert worden. Wir haben schon gehört, daß ein getrocknetes pulverisiertes Wieslbalgl dem Menschen mit krankem Gehwerk verordnet worden ist. Der alte Haslbeck hat das gleiche für Roß und Ochsen gegeben, die vor lauter „Rarsein" (Muskelkater) nicht gehen konnten. Und von weither sind die Bauern drum gekommen und alleweil wieder. Es habe geholfen, haben sie gesagt. – Der „bettad (fromme) Sepp", ein Gewürzhausierer, hat sich bei uns daheim

immer zu Mittag zu blicken lassen, weil er von der Mutter ein Essens-Überbleibsel bekommen hat. Revanchiert hat er sich mit einem handgeschriebenen Gebet gegen Krankheit, das bei Mensch und Viech angreift, wie er versicherte.

Auch Sympathiemittel sind bei Viehkrankheiten angewendet worden: Die Hühner haben „aufgeschnittene Hufschoatn" ins Wasser bekommen, der Hund eine „Garten" (Gerte) von der „Föiawin" (Kopfweide) um den Hals, und die Sau, welche ihre Ferkel nicht mochte, vom Saubändiger Pillen ins Trank hinein. Ein „narrisches Roos" ist zur Ader gelassen worden.

Auch die Hollerstauden hat Medizin fürs Vieh geliefert: Das Grüne vom Stamm hat abwärts geschabt gegen Durchfall, aufwärts geschabt gegen Erbrechen helfen sollen. Bei Kolik haben sie dem Pferd ein Hollerstaudenröhrl in den After gesteckt und am Schwanz festgebunden.

Der Hammerlbauer erzählte, bei seinem Onkel, der einen großen Hof hatte, haben einmal die Kühe nimmer fressen wollen und auch keine Milch mehr gegeben. Ein alter Tierheilkundiger ist gerufen worden. Eine viertel Stunde war er allein beim Vieh im Stall drinnen. Dann hat er dem Bauern geschrien: „Geh eina und futtere ein!" und die Viecher haben sich plötzlich ganz gierig auf das Futter gestürzt.

Und die Moral von der Geschicht!

Der Gesunde hat 99 Wünsche, der Kranke grad einen! sagt ein alter Spruch. *Gsund geht über Ehr und Amt!* so weiß es ein anderer. *Fuaß warm und Kopf köit, macht öite Leut'* lehrt die Erfahrung. Und *Wer achtzig Jahr Bier trinkt, der stirbt garantiert nicht als Junger!* hat der Wirt philosophiert.

Die eine Hälfte ihres Lebens opfern die Menschen ihre Gesundheit, damit sie zu Geld kommen, und die zweite Hälfte geben sie dieses aus, damit sie die Gesundheit wieder zurückkaufen. – So soll es nicht sein!

„Arbeit und bet, trink regelmäßig, aber mäßig, und hör rechtzeitig mit dem Essen auf, das ist ein gesunder Lebenslauf!" So hat's der Hölzlschneider gehalten und ist ohne Bader und Doktor neunzig Jahr alt geworden.

Kein Mensch ist gegen Unglück und Krankheit gefeit. Er hält aber manchmal dreimal soviel aus, als er glaubt! Gut ausgebildete Ärzte, tausenderlei Medikamente und aufs modernste eingerichtete Krankenhäuser warten heute auf den Kranken. Freilich aufgeben darf sich auch jetzt der Mensch nicht in der Krankheit, und alleweil hängt es nicht auf eine Seite! Und sieht man die Prozessionen zu den Wallfahrtsorten, so darf man annehmen, daß auch in unserer Zeit Menschen in Kreuz, Elend und Krankheit dahin kommen, zum Bitten und Danken.

Belehrungslied

Aus: Sänger- und Musikantenzeitung

Armeseelenzeit

Draußt is' so staad jetzt,
gehst außi as Höiz.
Kimmt a Lüftal, packts Lauba
und zu dö andern obiföits.

D'Natur is im Absterbm,
oft Nebi weit und breit
a 's Joahr werd' hoit müad scho,
es is d'Armaseelenzeit.

Allerseelenbräuch'

„Es hofft da Mensch, solang er lebt, und 's Sterbm werd ganz auf d'Letzt' aufghebt!" hat der Holzschuhmacher von Poxau gesagt, als er von einer Leiche heim ist, und er hat weitersinniert, „durchforsten muaß er höit, da Tod, grad Kahlschlag derf er koan macha, sunst kemma allö auf oamöi dro! – Jungö Leut' kinnan sterbm, öitö müaßn!"

November, Nebel, zusammengearbeitet ist draußen auf Wiesen und Feldern, die Obstbäume recken ihre kahlen Äste über die Dächer des Hofes hinaus, frühzeitig fängt es zu nächteln an – es ist ja kaum richtig Tag geworden an nebelverhangenen Tagen –, die rechte Zeit, an die Verstorbenen zu denken, Armeseelenzeit!

Der Tod, er ist heute verdrängt aus dem Leben der Menschen, hinein in die Sterbekammern der Kliniken und in die Leichenhäuser der Friedhöfe, möglichst fernab der Wohnbereiche. Wie aber war der Mensch früher zum Tod eingestellt? In den letzten Stunden ist dem Sterbenden die ganze Familie beigestanden. Der Tote wurde daheim aufgebahrt, Verwandte und Nachbarn sind gekommen, um ihm Weihbrunn zu geben, und auf d'Nacht sind sie noch aufgeblieben zur Totenwache. Und da der Friedhof meist um die Pfarrkirche herum lag, bekamen die „Heimgegangenen" alle Sonn- und Feiertage ihr Gebet und Weihwasser.

Aber auch da hat es geheißen: „Wenn der Nachbar stirbt, is leicht vom

Tod schmatzn“ und „bei ana schöna Leich ko ma sich sogar übers Sterbm untahöitn!“ – „Wer lang lebt, ko leicht öit wern“, das war der Ausspruch vom Seppenpetern, „aba ’s Öita bringt d’Leut’ um!“ – „Umasunst is da Tod und er kost ’s Lebm!“ hat der eine gemeint und der andere drauf: „Der Tod is a teuana Gspoaß, wei er kost’ ’s Lebm!“
Aber wenn es schon sein muß, das Sterben, dann möchte der christkatholische Altbayer ein gutes Platzerl, droben im Himmel: „Gnedda aufm Ofabankerl möcht’ i sitzn in da Ewigkeit, sunst nix!“ wünscht sich das Häuslweib. Der Großbauer aber begehrt auf: „Wai i da Mann bin, muaß i am ersten Tisch sitzen im Himmö, söis fehln, wanns fehln ko!“
Allerhand Brauchtum, wie das Backen von Seelenwecken, die Messen und Rosenkränze – in der Allerseelenwoche ist er jeden Tag abends in der bäuerlichen Familie gebetet worden –, das Bittenlassen für die Verstorbenen, der Gräbergang und die Marterl-, Grab- und Hausinschriften zeigen uns, wie der Mensch, vor allem auf dem Lande, sich mit den Armen Seelen verbunden gefühlt hat.
Auf eine schöne, große Leich’ hält ein richtiger Bauer etwas. Nicht nur von der eigenen, auch von den umliegenden Pfarreien werden die Leute zusammengebeten. Die Rieger-Franzl, die Kirchenbitterin, reiste von Haus zu Haus: „Beim Obermoar lassen’s bitten mit der Muttern übermorgen um halbi neuni vom Haus aus!“ Ein Schäuferl Mehl, ein Ei oder ein Löffel Schmalz ist der Botenlohn gewesen. – Die Schiedhuber-Nanni ist einmal weiter fort in die Leich gebeten worden. Und weil sie es mit dem Zeremoniell recht genau genommen hat, so hat sie gleich gefragt, wie sie zum Trauerhaus hingekommen ist: „Wie ists leicht bei enk Brauch? Wird schon vom Haus heraus geweint, oder erst am Grab?“
„Ja heutingstags wern dö Leut’ gar nimmer so öit“, hat der Oberhuber philosophiert, „dö wo öit hand, san allö no vo frühast!“
Still und besinnlich ist die Armeseelen-Woche vorübergegangen, fleißig ist daheim in der Stube und in der Kirche gebetet worden für die Verstorbenen. Und der Freihäupin-Karl hat sich gefreut: „Schö is wieda gwen, dö Armaseelenwocha, kinnan scho z’friem sei, dö Toten, hat jeds sei Sach krieagt.“

Jetzt muß ich aus mein' Haus

Sammlung Wastl Fanderl

Bauernfeiertage

Am 3. November steht Sankt Hubertus auf dem Kalender, der Patron der Jäger. Auch heute noch werden Hubertusmessen zelebriert, von Jagdhornbläsern musikalisch umrahmt. Ende Oktober, Anfang November ist die Erntezeit für die Jäger gewesen. Von Strecken, wie ich sie als Treiberbub in meiner Kinderzeit noch erlebte, kann der Waidmann von heute nur träumen: hundert Hasen, ebenso viele Fasanengockel, Schnepfen, und ein Leiterwagen, von einem Pferdepaar gezogen, ist von „Bogen“ zu „Bogen“ mitgefahren. Abends im Wirtshaus hat es dann Hasenragout mit Knödeln und viel Jägerlatein gegeben, das war der rechte Abschluß. –
Sankt Leonhard, Patron der Gefangenen, Rösserheiliger, Kettenheiliger, wird am 6. November gefeiert. – Eine schwere Eisenkette umschließt die Leonhardikirche zu Ganacker, und der Legende nach soll diese ein „Fragner“, ein Fuhrmann nach gefahrvoller Fahrt durchs

überschwemmte Isartal, welche er auf die Fürsprache des Heiligen ohne Schaden überstanden hat, geschmiedet und gestiftet haben. – *Je mehr Schnee im November fällt, um so dankbarer ist das Feld!* Und ist dies schon um den 11. November herum, so heißt es, Sankt Martin kommt auf einem Schimmel geritten. *Ist Martin aber Sonnenschein, so tritt ein harter Winter ein!* und der Heilige muß für sein Roß noch Heu trocknen. – Der Dorfhirte erhielt am Martinitag seinen Lohn ausbezahlt, und die Martinigans wurde verspeist.
Kathrein (am 24. November) *schloß Fiedel und Tanz ein.*
Von Lichtmeß bis Kathrein wurde ehedem das bäuerliche Jahr gerechnet. Schaut man auf das Bauernjahr von einst zurück, so wird wohl bestätigt, was Bauernpfarrer Weigert einst darüber geschrieben hat: „Das Bauernleben ist mehr Wasser als Wein, mehr Schwarzbrot wie Kuchen, mehr Werktag als Feiertag, aber ein reines Wasser, ein kerniges Brot!“

Wann ma heut' die Leut anschaut,
kunnt da oft da Grausn glei kemma,
wias hetzn und zun Vaschnaufa,
sich koa Zeit nimma nehma!

An jeda möcht 's Meistö
und bei dö Obersten sei.
und hat ers erreicht,
nachert is a nöt dös sei!

Gwiß war oft frühast
dö Arbat recht schwar,
sie ham sich vui g'schundn
und 's Göid, dös war rar.

Vielleicht hands aber z'friema gwen,
ham koan Psyichiater nöt kennt,
und hammand fleißi zammghöifa,
wann dö Nout wo hat brennt.

Vater, Ahndl und Enkö
ham unta oan Dach kinna lebm,
an Öitasheim und a „Haus der Jugend“
söi hats damöis no nöt gebm.

Und wer in da Betrachtung
vielleicht sehgt da an Sinn,
der hat für sei Lebm
ebba gar an Gwinn!

Niederbayerischer Adventskalender

Weihnachtln tuats, wohi ma grad schaut,
in dö Schaufensta hand dö Gschenka aufbaut.
Plätz und Straßn, öis is vöi Liacht!
Beleuchtö Girlandn, soweit ma grad siacht!

Und dö Mensch, dö toan hetzn und renna.
Scho böid vor a jedm Haus sehgst an Christbam brenna.
In dö Kaufhäusa kunnst auf dö Köpf scho fast geh,
und in Schlangan müassn d'Leut vor da Kasse ansteh.

Advent is höit und Weihnachtn nöt weit,
dös is jetzt überöi a recht gnedigö Zeit.
Wanns nachat geht auf dö Festtaag zua,
ebba kimmt vielleicht do a wengal a Ruah!

Wie es zugeht, draußen und drinnen in den so kurzen Adventstagen, das kennt und erlebt ein jeder von uns selber.
Wie es früher war auf Weihnachten zu, wie es die älteren Leute noch schildern können, davon erzählt dieser Adventskalender.

Auf Weihnachtn zu

Wenn der Herbstwind die letzten verfärbten „Lauwa" (Blätter) vom Kletzenbirnbaum gerissen hat, wenn das Wintergetreide herausspitzt, wenn Bauer und Bama mit ihren gestriegelten Rössern am Leonharditag sich den Segen und die Fürsprache vom Viehpatron erbetet haben, wenn am Kathreintag nach der letzten Hochzeit der Tanzboden ausgekehrt worden ist, dann ist die Adventszeit angebrochen. Advent – eine „staadö Zeit"! Die Nächte werden immer länger und lösen den Tag kaum mehr ab. –
Die Adventszeit beginnt mit dem ersten Sonntag nach dem 26. November. Am 30. November steht als erster Heiliger des neuen Kirchenjahres Andreas auf dem Kalender.
Die Andrenacht ist eine wichtige Losnacht: Da kann man die Zukunft „löseln", das heißt ganz einfach, man kann herausbringen, wie es weitergeht auf dieser Welt.

Die jungen heiratslustigen Leut' möchten halt besonders gern wissen, was ihnen bevorsteht. Das neugierige Dirndl z. B. wirft in der Andrenacht seine Pantoffel über die Achsel. Schaut das Pantoffelkäppi zur Tür hinaus, so wird sie im nächsten Jahr als Hochzeiterin das Haus verlassen.
Am 3. Dezember feiern die Xaverln ihren Namenstag. Der heilige Franz Xaver (geb. 1506), Jesuit und Missionar in Indien und Japan, ist Schutzpatron der Missionsvereine.
Sankt Barbara steht auf dem Kalenderblatt des 4. Dezember. Die heilige Märtyrerin, die zu den zwölf Nothelfern gehört, ist die Patronin der Bergleute, der Glöckner und Artilleristen und der Sterbenden. Die Hausfrau schneidet an diesem Tag etliche Zweige vom Kirsch- oder Weichselbaum, steckt sie in einen Krug mit lauwarmem Wasser und gibt ein „Patzerl" Salz hinein. Diese Barbarazweige werden dann an ein lichtes Platzerl in der Stube gestellt. Blühen sie zu Weihnachten, so bringen sie Glück ins Haus, und es gibt ein fruchtbares Jahr und eine reiche Ernte. Die Bauernregel meint: *Wann Barbara im Greana geht, kimmt 'sChristkindl im Schnee!* und *Is an Barbara nöt ghoazt dös Zimmer, so is an Gregori* (25. Mai) *um so schlimmer!*

Da Niklo kimmt

Ein Heiliger, den jeder kennt, ist Sankt Nikolaus (6. Dezember). Hören wir, was die Legende u. a. von ihm zu berichten weiß: Seine drei armen Töchter wollte der herzlose Vater in ein Freudenhaus verkaufen. Aber der Bischof Nikolaus hat sie vor dem Schicksal bewahrt. Er hat ihnen bei Nacht drei Goldkugeln zum Fenster hineingelegt. So haben sie sich mit diesem Heiratsgut ehrbar verheiraten können. –
Auf das Gewissen kommt es an, ob die Kinder mehr mit Angst oder Freude den Niklobesuch erwarten. Etliche Tage zuvor meldet er sich an. Und die Schulkinder, welche in dieser Zeit schon um das Nachtwerden am „Kirmahöizmoas" vorbei „heimzustanderln", rennen auf einmal wie gestutzt. Der Staffelmeier-Knecht sucht Weiden fürs Besenbinden, die Kinder aber glauben, der Niklo ist beim Gertenabschneiden. – Auf d'Nacht vor seinem Tag kommt er dann leibhaftig. Der Krampus oder Klaubauf ist dabei, das ist ein „schiacha (häßlicher)

Gsell“ zum Fürchten: Haare und Bart sind aus „Werg“, er hat einen Schafspelz an und Mordstrümmer Stiefel. Außerdem trägt er einen Sack und hat eine schwere Kette umhängen.
„Heiliger, heiliger Nikolaus, bring' dö bravn Kinder was, laß dö Bösn laufa, dö wern si schon was kaufa!“ heißt ein alter Kinderspruch. An der unteren Vils und im Kollbachtal, da hat der Ahndl seinen Enkeln gedroht, wenn er „sirri worn is, weils rechte Bangertn gwen hand“: „Warts no, heuer kimmt er zu enk da Armstorfer Niklo (der aus Arnstorf), der bringt nixn wia a langö Gartn (Rute)!“ Sind sie aber recht manierlich gewesen, die Kinder, so hat die Mutter verheißen: „Gwiß b'suacht enk da Reichastorfa Niklo (der aus Reichersdorf), der legt schöne Sachen ein!“
Auf der Ofenbank ist es erzählt worden: Beim Groll z'Essenbach ist einmal ein fürchterlicher Niklo gekommen. Er hat den in der Flöz eingemauerten Tisch herausgerissen, den sonst zwölf Mannerleut' nicht vom Fleck gebracht hätten. Ob das nicht gar der Teufel selber gewesen ist? –
Der alte Schachtner zu Brombach aber denkt zurück: Bei ihnen hat der Nikolaus – eine Stube voller Kinder ist hier daheim gewesen – gleich eine ganze Kirm voller Kletzen, Speitel, Äpfel und Nüsse auf den Stubenboden ausgeschüttet.
Erst wie sie ganz draußen sind, Niklo und Klaubauf, und der Vater den eichenen Riegel vor die Haustür gelegt hat, trauen sich die Kinder aus ihren Verstecken unter Kanapee, Tisch oder Bänken hervor. Sogleich wird nachgeschaut in der Flöz, wo jedes einen Teller aufgestellt hatte. O mei, die Freud! Er hat „eingelegt“, und nicht nur eine Gerte! Äpfel, Nüsse, Speitel, Leckerl, Handschuhe, Socken, Sacktücher, goldene Griffel. Und beinah getraut man sich's kaum anlangen, die Sachen, die vom Himmel gebracht worden sind.

's Englamt

Ein „Frauentag“ ist Höhepunkt gewesen früher im Advent, das Fest „Mariä Unbefleckte Empfängnis“ am 8. Dezember. An diesem Tag ist das Engelamt besonders feierlich abgehalten worden. Fast gerade so wie bei der Prozessionsordnung am Prangertag, so hat jeder Hausvater sein Engelamt zu einem bestimmten Datum aufschreiben lassen. Der

Kirchenpfleger das seine am 1. Adventssonntag, der Maierhofer, der bei Prozessionen die große Kerze vorm Himmel hergetragen hat, das seine am Heiligen Abend. Ist gar der Namenstag in diese Zeit gefallen, wie beim Holzweber-Xaverl (3. Dezember), oder beim Freihäupin-Thomerl (21. Dezember), so haben sie es an dem Tag verlangt und auch bekommen.

Der Thomas ist ein Niederbayer, groß und stark mit Mordstrümmer Fäust – bärentatzig, wie man so sagt –, oft herb und verschlossen. Er grantelt seinen Pfarrherrn genau so an wie seinen Knecht. An seinem Engelamtstag aber, da ist er friedfertig und bis in die Seele hinein gut aufgelegt. „Mei Englamt", sagt er, „ist höit mei Freud!"

Auch Dorfschaften oder Vereine haben zu einem Engelamt zusammengesteuert. Und der nachgiebige Pfarrer hat über die Adventszeit hinaus anstückeln müssen und oftmals bis Heilig Drei König Engelämter gesungen. Die Dienstboten haben sich selber kein eigenes Rorate leisten können. Aber als gute Ehehalten ist das Engelamt des Bauern auch zugleich das ihre gewesen. Und für eine Schande hätte man es gehalten, wäre nicht jeden Tag aus jedem Haus jemand zu diesem morgendlichen Gottesdienst gekommen.

Nach Josef Schlicht hat sich einmal folgendes zugetragen:

„Helfts! Helfts!" tönte es ums Jahr 1862 herum im Isargau drunten durch den stürmischen Adventsmorgen; es war rabenfinster, und die Windstöße löschten die Laternen aus. Als der Kooperator und sein Organist, die selbst beide zum Engelamt auf die Filial (Nebenkirche einer Pfarrei) hinaussteuerten, zur Unglücksstätte eilten, wer stand bis Mitte Leibs im tiefen mit Schneewasser angeronnenen Wiesengraben? Der alte bußfertige Wirt aus dem nächsten Dörflein. Der peitschende Sturmwind hatte auch ihm seine Unschlittkerze ausgeblasen, und jetzt strengte er sich vergeblich an, um auf den Eiswänden herauszuklettern. Aus dem Graben gezogen, kehrte er keineswegs um und heimwärts, sondern ruderte tapfer mit Stock und Laterne in die Pfarr hinaus, wo er sich im nächsten befreundeten Haus umkleidete und dann ungesäumt in die Kirche: das Engelamt durfte ihm deswegen nicht auskommen." Und:

„Im Advent 1869 warf's einen schuhtiefen Holzlandschnee. Den Abend nun, an welchem die Flocken besonders lang anhaltend und faustgroß fielen, kraute ein Filialbauer vom Isartal gramvoll hinter den Ohren. Die Nacht blickte er oft und oft hinaus und konnte nicht recht schlafen: ‚Mir scheuzt (mir graut, ist bange)‘, sprach er zu seiner Bäuerin, ‚da Koprata bleibt morgn in dem tiafn Schnee stecka, und i kriag mei Englamt nöt. I muaß fredi um ihm nausackern!‘ Gesagt, getan. Schon in der frühesten Morgenstunde gab's vor dem Pfarrhoftor einen Lärm: der Kettenhund schlug an, ein Gaul pustete, die Hausglocke schellte. Der größte Bauer aus der Filial war daußen mit seinem starkknochigen Pinzgauer und dem Schneepflug. ‚So, an schön Gruaß an Herrn Koprata, i hab ihm jetzt scho an Weg ausg'ackert, naus und naus, daß a mei Englamt heunt haltn ko!‘ Sprach's und sputete sich dann gleich heim mit seinem Grauschimmel, damit auch er rechtzeitig eintraf in der Filialkirche zu seinem Korate."

Beim Engelamt war es aber auch besonders schön in der Kirche. 's Allerheiligst' ist am Hochaltar ausgesetzt gewesen, und zwölf Kerzen haben gebrannt, Weihrauch ist aufgestiegen und hat das Presbyterium eingehüllt, und auf den Kirchenstühlen haben die Wachstöckel-Lichteln gezuckt und die blaugefrorenen, erstarrten Finger gewärmt. Und vom Chor herunter ist gesungen und musiziert worden, der Orgelbub hatte zu tun, daß er genug Wind herbrachte, weil fast alle Register gezogen waren. Der Pfarrer sang das schöne Evangelium „In illo tempore missus est Angelus Gabriel ..." Und beim Adventslied zum Schluß hat es sogar den Falterbauern-Peter zum Singen mitgerissen, was sonst in der Kirche nicht leicht passiert.

So ein Engelamt ist wie die Morgenröte vom Christfest!

Lange finstere Nächt

Bild dir ja nicht ein, du wärest hier allein,
man hat auf dieser Welt dir Geister zugesellt!
(Spruch auf einem Totenbrettl im Bayerischen Wald)

Aber für die Geister und Druden ist Feierabend, seitdem die Menschen so gescheit und der Glaube so dünn geworden ist, daß man ihn mit einem Geißelstecken abschlagen kann, wie es der Mühlhiasl prophezeit hat. Und wie lange ist es her – kaum ein Menschenleben –, daß keine Zeit im Jahr so ungut gewesen ist, wie die Nächte vor dem Christfest. Da ist jedes froh gewesen, wenn es nach dem Gebetläuten nicht mehr außer Haus hat müssen. Sogar das „Häuslgehn" hat man angeblich gespart. Gruselige Gestalten sind durch die Adventsnächte gegeistert, welche ihren Ursprung zum Teil in vorchristlicher Zeit haben. – So schleicht am 13. Dezember die grausige Luzier um Haus und Hof. Sie wetzt ihr langes Messer oder die Sichel, den Kindern will sie den Bauch aufschneiden und ihnen glühende Ziegelsteine hineintun, ganz „derdattert" nehmen diese vor ihr Reißaus. Die Burschen aber schreien dem Winterweib nach: „Luzier, Luzier, dein Hemd geht für! Geh außi, steck's eini, nachert tanz i mit dir!" Da und dort hat die Luzier die Habergeiß „mitgeweist" (dabei gehabt), da konnte einem ganz „oartler" (unheimlich) werden.

Die Thomasnacht (21. Dezember) ist die erste Rauhnacht. Haus und Stall werden ausgeräuchert, und das Vieh bekommt ein Stückel Brot mit geweihtem Salz und Kräutern drauf. Der Roßknecht bewacht seine Pferde, daß die Drud nicht deren Schwänze zusammenflechten kann. – In dieser Nacht hat man das Fürchten lernen können. Der „blutige Thomal" ist umgegangen und hat seine „blutverschmierte Haxn" in die Stube gestreckt, ist selber aber nicht hinein.

In der Thomasnacht konnten die heiratslustigen Mädel von ihrem Zukünftigen träumen, wenn sie in ihrer Kammer folgendes Sprücherl aufsagten: „Heiliger Thomas, i bitt di, auf mein Strohsack tritt i, laß mir erscheinen den Liebsten mein, der mich zum Altare führt!" Auch das Zaunsprossenzählen oder das Zwetschgenbaumbeuteln gehörten in dieser Nacht zu den Liebesorakeln.

Sankt Thomas, der uns durch seinen Zweifel an der Auferstehung des Herrn den „ungläubinga Thomal" beschert hat, ist der Schutzherr der Zimmererleut'. Ein Holzbaum am Thomastag geschlagen, das gibt ein „Ewigkeitsholz", dem kein Holzwurm ankann und kein Wetter.

Wann's an Thomas dunkel war, gibts ein schönes Neues Jahr!

Weihnachtln tuats

Weihnachtln tuats, dö Tag hand jetzt kurz,
aba d'Kinderaugn glanzn und Sterndln drinn tanzn,
wann d'Nacht a zuanimmt, wei ja 's Christkindl kimmt!

Heiliger Abend und Mettennacht kommen allweil näher. Zu Urgroßvaters Zeiten, als in der Adventszeit noch mit der Drischel auf der Tenne im Stadel draußen gedroschen worden ist, hat man schon etliche

Tage vor Weihnachten damit aufgehört, um das bevorstehende Fest nicht zu entweihen. Auch das Spinnrad, an dem Bäuerin und Weiberleut' in den langen Abenden Flachs gesponnen und dabei die Leut' „ausgerichtet" haben, hatte jetzt Feierabend. – *Der Bauer fürcht' im Sommer d' Wetter und im Winter das Ausrichten durch die Spinnstubenweiber!* –

Allerhand Vorbereitungen stehen an für das Christfest: Der Hausvater ist mit Hackel oder Baumsägl ins Holz hinausgestapft, um ein Christbäumel zu holen. Der Schlüsslöder, ein großer Holzbauer, ist meistens dabei ins Holz vom Schwarzmeier hinübergekommen, wärs ein Wunder, wenn die Marksteine eingeschneit sind! Aber es hat sich ausgeglichen, weil auch der Schwarzmeier beim Christbaumsuchen die Waldgrenze verfehlt hat.

Das ganze Haus vom Keller bis zum oberen Boden hinauf wird geschrubbt von den Hausmenschern, und die Knechte richten einen Haufen Gsot, Futter und Streu her für die Feiertage, und das Vieh und die Rosse werden gestriegelt und gebürstelt. – Dick geht's ein in der Kuchel drinnen. Die Bäuerin bespritzt den Brotteig mit Weihbrunn, daß die Bacht ja gerät fürs Fest. Kletzenbrot und die Leckerl werden gebacken. Das ist ein „Geschmack" im Haus, da läuft einem jetzt schon das Wasser im Mund zusammen! – Am Tag vor dem Heiligen Abend kommt der Brandmetzger. Und wenn dann alles vorüber ist, hängt der „Weihnachter" in zwei Hälften in der Speise und liefert Mettenwürste und Festtagsbratl.

Und zugehen tuts jetzt vor dem Fest auf dem Hof, wie in einem Taubenschlag: Arme Leute, Bettler und Handwerksburschen geben sich die Türschnallen in die Hände. Zum Feiertagswünschen kommen sie vorbei, da wird schon ein Bröckerl von der Mettensau abfallen. Auch Postbote, Brottrager und Rauchfangkehrer werden nicht vergessen.

Staad werd's draußen in der Natur,
a der Mensch söi jetzt findn dö einwendi Ruah,
wei, es geht ja wieder auf Weihnachtn zua!

D' Mettennacht

Jetzt kimmt dös größa Fest im Jahr,
jetzt kimmt dö schöna Zeit,
denn d'Mettnnacht steht vor da Tür.
U mei, is dös a Freud!

(Max Peinkofer)

Die Mettennacht, eine Nacht voller Weihe, eine Nacht der Geheimnisse, die Nacht, in welcher das Licht in die Finsternis ist eingebrochen, drum auch eine Nacht der finsteren Mächte!
Die „kasi Wintasunn", kaum in die Höh gekraxelt über niederbayerische Holzlandbuckeln, sie macht schon zeitig der langen Nacht Platz. Rechtzeitig ist auch Feierabend gemacht. Mit Leib und Seele richtet sich der Mensch her aufs Christfest. So ist mittags bei einer Erdäpfelsuppe gefastet und auf d'Nacht der freudenreiche Rosenkranz gebetet worden.
Endlich läutet 'sGlöckerl und die Kinder dürfen hinein in die Christkindlstube, zu der man etliche Tage schon keinen Schlüssel mehr gefunden hatte. In den weit aufgerissenen Augen spiegeln sich die Christbaumlichteln. Wie 's erste Wundern vorüber ist, rennen sie hin zu den Christkindlsachen. Für die Buben stehen ein Paar Holzschimmel mit Wagerl, für die Dirndln eine Wiege mit einer „Dogga" (Puppe) drin unterm Christbaum. Keines im Haus ist vom Christkindl vergessen worden! Wollene Socken oder Strümpfe, ein Seidentuch, Kittelzeug oder ein Fürtuch, in einer Schüssel etwas zum Knabbern, anders kennt man es nicht und man ist's zufrieden. Freuen tut man sich auf die nächsten Stunden um den Tisch, der zur Ofenbank hintergerückt ist, hin zum breiten Kachelofen, aus dem purrende „Wurzelquöier", die Mettenstöck bachelnde Wärme ausstrahlen. Der Bama weiß seltsame Mettengeschichten, von Rössern, welche in dieser Nacht die Zukunft voraussehen und reden können, und daß man heute Nacht auf einer Kreuzstraße den Teufel beschwören könne. Die Bäuerin werkelt noch draußen in der Kuchel, richtet das „Boanerfleisch", die Leberwürscht und das Kraut zurecht, weil Mettenleut hungrig sind, wenn sie in der Frühe zu heimkommen.
Der Bauer holt sein Hausgewehr aus dem Kasten in der Schlafstube, der Ahndl sein Terzerol. Wie ein Prinz soll das Christkindl empfangen

werden. Ja, hat schon oftmals eine Metten geben in der Mettennacht! Die beiden bleiben daheim beim Haushüten, auch in der Heiligen Nacht ist das Böse im Menschen nicht verbannt! Die Kirchenleut aber brechen um ½11 Uhr nachts in die eine geschlagene Wegstunde entfernte Dorfkirche auf. Die Laterne braucht es heuer nicht, weil der Mondschein aufgegangen und also eine lichte Mettennacht ist.
Christnacht hell und klar, folgt ein gesegnets Jahr! und
Liachtö Mettn, finstanö Stadel – finstanö Mettn, liachtö Stadel!

D'Freid vo dö Hirta

Ös Hirta, ja g'freuts enk, ös hats auserkorn,
an Heiland zu sehgn, der im Stöi is geborn!

Und grad so, wie die Hirten nach der Botschaft vom Engel hinein sind nach Bethlehem, so kommen die Mettenleut' herbei, aus allen Richtungen über die Höhen herunter. Und so wie der Stall damals, so ists jetzt die Kirche mit den hellichten Fenstern und das Läuten von den Glocken, welches herbeilockt. Die Matutin oder Mitternachtsvesper geht dem Ende zu, ist hauptsächlich eine Sache vom Pfarrer und vom Chor. Die Hauptsache aber kommt jetzt, die Krippenlegung: Der Pfarrherr zieht in glänzendem Ornat in das weihnachtlich geschmückte Gotteshaus, Ministranten und die Kinder mit ihm, er trägt 'sChristkindl, dreimal bleibt er stehen und singt das „Ehre sei Gott in der Höhe . . .", das vom ganzen Volk beantwortet wird, anschließend legt er das Kindl in die Krippe am Altar vorne. Und jetzt erst kommt das feierliche Mettenamt. –
Wenn ich selber zurückdenke an die Mettennacht in der Kinderzeit, so kommt kaum Erinnerung auf an das Mettenamt, aber daß wir Kinder alle mit einem brennenden Fünferlkerzel um die Krippe in der Kirche standen, das sehe ich noch heute vor mir.
Und zu den Hauskrippen: Kunstverstand und handwerkliches Geschick sind nötig zum Kripperlbauen. Aber so kunstvolle wie die napolitanischen oder die im Gebirg in Oberbayern, hat es bei uns im Niederbayerischen kaum gegeben. Und doch haben wir Buben unser Kripperl gebaut. Aus billigen Bilderbögen, aufgepappt auf Zigarrenkistlholz und dann mit dem Laubsägel ausgeschnitten, so sind Stall und

Jatz los, liaba Nachba

2. Geh Nachbar, mach di auf di Roas,
Und ob schon den Weg koana woaß,
Du nimmst Mehl, Schmalz und Oar,
Und du a Kitz a zwoa,
An Budern muß ma ane noa tragn,
|: Sie müaßn all drui z'essn ham. :|

3. Jetzt müaßn ma schleuni wohl geh',
Und müaßn auf Bethlehem geh',
Drunten in Bethlehem
Zum liabn Jesulein.
Es wär ja a wunderschöns Kind
|: Es leit zwischen Esel und Rind. :|

4. Geh Nachbar, tua s'Hüaterl rucka
Und tua di schö frei(n)dli bucka.
Und wann ma eini gehn
Und sehn dös Kind, dös schön,
Aft falln ma all nieda auf 'Knia
|: Und betn dös Kind o als wia! :|

5. O Jesulein, um was i di bitt,
Gehts zum Sterb'm, verlaß ins du nit!
Du kannst uns alles gebn:
Gsundheit, Wohl, langes Lebn.
Ums Himmelreich i di nur bitt,
|: O Jesulein, verlaß ins nit! :|

Aus: K. Huber/L. Simbeck: Niederbairisches Liederbuch. München o. J.

Figuren entstanden. Moos, Daxen und Sand haben das Material für die Landschaft geliefert. –
Drei Messen gleich beschert die Kirche ihren Gläubigen zum Weihnachtsfest: Das Mettenamt zur Mitternacht, das Christamt am Weihnachtstag und das Hirtenamt in aller Frühe. Letzteres ist das der mitternächtlichen Haushüter und der Austrägler. Zum Weihrauch vom Mettenamt kommt der von der Frühe dazu und so wird es auch da feierlich.

's letzte Fensterl

Wie freuen sich die Kinder, wenn sie endlich das letzte Fensterl an ihrem Adventskalender aufmachen dürfen, das Fensterl, aus dem das Christkindl im Kripperl herauslacht. Auch in dieser niederbayerischen Adventsbetrachtung ist das letzte Blatt aufgeschlagen.
Wie vor einem Menschenalter noch die Leute die vorweihnachtliche Zeit durchlebt haben, davon wollte sie erzählen. Anders ist er gewiß gewesen, der Advent zu Großvaters Zeiten!
Stiller – keine öffentliche Lustbarkeit,
finsterer – nicht soviel elektrische Beleuchtung,
einfacher – nicht der Geschäftsrummel,
heimlicher – gleich auch oft unheimlich, Gestalten um die Wege, denen man zur nächtlichen Zeit nicht gerne begegnet ist.
„Weihnachten ist das Fest des Schenkens!" hört man heutzutage überall. – Eine schöne Sache, die Christkindlgeschenke! Aber ob sie allein die wahre Weihnachtsfreude bringen, auch eine, die anhält?
„Ihr Hirten von Bethlehem, freut euch, der Erlöser ist heute geboren!", so hat es der Engel verkündet. Und wer sich heute noch darüber freuen kann, für den wird Weihnachten nicht seinen Sinn verlieren!
Und weil das alte Jahr zu Weihnachten schön still schon dem Ende zugeht und Silvester vor der Tür steht, drum darf ich die Wünsche für das neue in einem altbayerischen Vers hervorbringen:

Mir wünschn enk alle a glückseligs Neus Jahr,
's Christkindl im kraustn Haar!
A guats Lebm, a langs Lebm und an Himmö danebm!
Mir wünsch' ma am Hausherrn an göidanön Rock,
daß er eahm steht wia a Nagerlstock!
Und da Hausfrau wünsch' ma a göidanö Haubm,
daß ihra steht wia ana Turtltaubm!

Literatur

Max Matheis, Bayerisches Bauernbrot. Straubing 1954.

Max Peinkofer, Waldweihnachten. Geschichten und Gedichte aus dem Bayerischen Wald. Deggendorf 1956.

Max Peinkofer, Der rote Bua und andere Mundartdichtungen. Passau 1962.

Alfons Nothaft, Niederbayerische Pfarreroriginale. Deggendorf 1964.

Hans Haller, Diese Schulrät. Regensburg 1972.

Josef Schlicht, Blauweiß in Schimpf und Ehr, Lust und Leid. Rosenheim 1973.

Josef Fendl, Nix wie lauter Sprüch. München 1976.

Joseph Maria Lutz, Vertrautes Land, vertraute Leut. Pfaffenhofen/Ilm 1977[2].

Josef Lettl, In d'Mühl fahrn. Von der Aussaat bis zur Brotbacht. Regensburg 1980.

Bildnachweis:
Heimatverein Vilsbiburg: Abb. 3, 8, 13, 24
Alle anderen Fotos stammen aus Privatbesitz.

Für die Abdruckserlaubnis von Liedern danken wir: Herrn Wastl Fanderl, Herrn Eberwein jun. und dem Verlag Max Hieber, München.

Mundartausdrücke

(Diese Aufstellung enthält zum einen Mundartausdrücke, die im Text häufig wiederkehren und daher nur beim ersten Mal erklärt werden; zum anderen solche Mundartausdrücke, deren Erklärung im laufenden Text den Lesefluß stören würde.)

ableinen	enteisen, abtauen
Ackerwöiga	Ackerwalze
Äpfiradl	Apfel-Küchel
Amm	Spreu
ankendn	anzünden
awö?	warum?
Bama	Baumann, verantw. f. d. Pferde
Bangert	ungezogenes Kind
Bettlmo	Mehlspeise
Bibalmost	frischer Most, Apfelsaft
Bodern	Zuber
Böglmo	Vogelscheuche
Böioar	Lockei im Hühnernest
Botschamperl	Nachttopf
Bovösn	Schmalzgebäck aus Semmeln
Buard	Bündel
Bühn	Übertenne
Broutlzeug	Aufschnitt (Wurst)
Brunndeicha	hölzernes Brunnenrohr
daun	drücken
dengascht	doch
denk	links
derzahna	ausspotten
Doaschlag	Donnerschlag
Dogga	Puppe
Döik	Unbeholfener
Döttaling	Schwammerl, Pilz
einblasln	Blasiussegen erhalten
Erdäpfikas	Kartoffelkäse
Fadl	Fuhre
Foam	Schaum
Föiawin	Kopfweide
Fötza	Spritzer
Fotzhobi	Mundharmonika
frozeln	spotten
Fürtazeug	Schürzenstoff
gach	jäh
geina	loben
(a) Gfeitö	eine Schlimme

Gickal	Gockel
Gimpö	Gimpel
gluckazödö Henn	brütende Henne
gnädi	eilig
Godn, Gödn	Patin, Pate
Grafflzeug	Verschiedenes, Durcheinander
Grantlhauer	Grantler, grantiger Mensch
grawla	grau, nächtelnd
Gred	Vorplatz
greina	schimpfen
Grischpal	kleiner Mensch
Gropparat	dürres Reisig im Wald
gruabig	gemütlich
Gseufarat	Gerede
gschleckad sei	zum Naschen neigen
gschwoaft	geschwungen
Gsot	geschnittenes Dürrfutter
gstroacht	übermütig
Guats	Süßigkeiten
Gunkel	Runkelrüben
gupft	zum Überlaufen voll
Gusta, nach seim Gusta	nach seinem Geschmack
gwappöt	schlau, durchtrieben
Gwurl	Gedränge
Häusln	Samenhülsen
Hauschoartn	Abfälle b. Behauen v. Stämmen zu Bauholz
Heiß	Fohlen
Hemmadzeug	Hemdenstoff
Hiaba	Hütte
himmetzn, Himmetza	blitzen, Bitz
hineingedaut	bis auf den letzten Platz
Hoabal	Heidelbeeren
Hoagarten	Heimgarten, gemütliches Beisammensein
hoarlous	schmächtig
Hoarrauf	Flachsraufe
Höikrempn	Hohlweg
Hühnerkrepi	Hühersteige
Imp	Biene
Irgsenschmoiz	Kraft
irrdrucka	wiederkäuen
irrgehen	bemerken
Irta	Dienstag
Jahrling	1 Jahr altes Pferd

Kenna, ums Kenna	ein bißchen
Köipan	großer Kieselstein
krachizn	krächzen
Kremesse	Leichentrunk
kudern	lachen, kichern
Leibl	Weste
Lieberl	Gänslein
loab	langsam, unfrisch
luren	spähen
luusn	hören
marod	krank
Mehn	Gespann
melbig	mehlig
Moar	Grenze
Moas	Wald-Schonung
Nacht-Gjoad	Nachtgespenst, wilde Jagd
namön	Namen geben
Nappn	Atem
Noagal	Tröpfchen (letztes!)
Oarschmöiz	Eierschmalz = Rührei
as Oart hinaus	ans Ende
oartler	unheimlich
obaschneepoassln	heruntergraupeln
obieagn	abtreiben, langweilig werden
oi Ried	alle Augenblicke
öizamt	alle zusammen
Örtl	Weilchen
Pempsl	Pinsel
Pfinsta	Donnerstag
Pöista-Ziachö	Kissenüberzug
Radltragn	Holzschubkarren
Rankerl Gselchts	Stück Geräuchertes
roadln	zusammenziehen, pressen
Rofern	Dachbalken
roppad	holperig
Ruach	Geizhals
Schaba	Arbeitsschurz
scheuchn	etw. fürchten
Scheps-Schoatn	Baumrinde, Abfälle beim Entrinden
schiach	häßlich
schlaun	eilen, eilig sein
schlindn	schlucken
schloapfen	schleppen, ziehen
schmatzn	reden
Schmöihan	Gras, Unkraut

Schöberitzn	Kaulquappe
Schöber	Kornmandel
serfin	gehen ohne die Füße zu heben, schlurfen
sirri	grantig
söifön	Speichel aus dem Mund laufen
Straman	Reihen
stöigranti	stallgrantig
Stoußgeign	Eine Art Schlagzeug. (Auf einem Brett wird eine Blechbüchse befestigt und Drähte als Saiten darübergespannt.)
Stranitzn	Papiertüte
Stutzbirl	Reisigbündel
Stüzn, Zeidl-Stützn	Melkeimer
Tend	Tenne
Töiopf	Hefeteig-Nudel
Topfa	Quark
tränzn	weinen
tratzn	einen ärgern
tredln	in kleinen Schritten gehen
Troad	Getreide
Trumm	Stück
Untawuchs	verwachsen
urtratzi	eigensinnig, unberechenbar
vadern	verdienen
verbrotln	aufessen
wachön	es gibt Schneeverwehungen
Weichbrunn	Weihwasser
Wegmo	Straßenwärter
Wehdam	Schmerzen
Weihnachter (od. Mettensau)	Schwein, das am Tag vor dem Hl. Abend geschlachtet wird.
weisn	führen
weizn	geistern
Wied	Reisig
Wigg	Ludwig
Win	Weide
Wittiwin	Witwe
Woara	Leitseil
Wutzal	Entlein
zahnert	spottend
zeahm	fein
Zeidlstuih	Melkstuhl
Zeihe	Reihe

zeiti	reif
Ziach	Ziehharmonika
zlechsln	wegen Trockenheit zerfallen (Faß!)
Zögara	geflochtene Tasche
Zwoaring	Zweipfennigstück